【中国民间文化影像志丛书】
丛书主编　陈建宪　黄一璜



# 黄陂木兰传说与风物

◎张　静　著

華中師範大學出版社

新出图证(鄂)字 10 号

图书在版编目(CIP)数据

黄陂木兰传说与风物 / 张静著. —武汉：华中师范大学出版社，2016.3
(中国民间文化影像志丛书 / 陈建宪，黄一璜主编)
ISBN 978-7-5622-7263-2

Ⅰ.①黄…　Ⅱ.①张…　Ⅲ.①文化史－武汉市　Ⅳ.①K296.31

中国版本图书馆 CIP 数据核字(2016)第 018697 号

黄陂木兰传说与风物
© 张静　著

编　辑　室：数字出版中心　　电话：027-67867366
责任编辑：向　力　　责任校对：王　胜　　封面设计：罗明波
出版发行：华中师范大学出版社
社址：湖北省武汉市珞喻路 152 号
电话：027-67863426/3280(发行部)　　027-67861321(邮购)
传真：027-67863291(邮购)
网址：http://www.ccnupress.com　　电子邮箱：hscbs@pubic.wh.hb.cn
印刷：湖北卓冠印务有限公司　　督印：王兴平
字数：222 千字
开本：710 mm × 1000 mm　1/16　　印张：11
版次：2016 年 3 月第 1 版　　印次：2016 年 3 月第 1 次印刷
定价：65.00 元

欢迎上网查询、购书

# 总 序

一百年前的今天，人们无论如何也想象不出中国在一个世纪中会发生如此天翻地覆的变化。1915年，清朝皇帝退位三年，袁世凯宣布恢复帝制，日本提出灭亡中国的“二十一条”，《新青年》刚刚创刊。那时候，大多数中国人穿长袍马褂，住茅草房，沿袭秦汉以来的耕作方式，过男耕女织式的生活。而一个世纪后的今天，已经有55%的中国人在城市生活，他们住在高高的楼房里，开私家车或坐地铁上班，用一个巴掌大的手机处理各种事务：聊天、购物、看书、买车票、订酒店……

在人类历史上，一个世纪只能算是一瞬间。但是我们的生活方式改变如此之大，以致许多不久前还习以为常的事物，转眼就难寻踪迹。当人类各民族用几千年的智慧创造的许多文化成果一夜之间消失殆尽时，非物质文化遗产保护运动在全世界的蓬勃兴起，可以说是各国人民对这种文化剧变的一种近乎本能的反应。

全世界的有识之士都在倡导保护多元文化，但现代化却以不可阻挡之势，迅速地将人类生活变得一体化、模式化。有幸生活在这个剧变时代的我们，既目睹了人类历史上最壮观的科技进步，同时也惋惜地看到许多昔日辉煌的文化创造物正在退出历史舞台，不少民族文化的优秀传统毁于一旦。

在科学技术飞速进步的今天，摄影摄像技术手段已完全普及，人类进入了读图时代。一百多年来，人类学家们早就采用影像方式来记录民族志，当代的人文科学研究，特别是与民间生活息息相关的民俗学、民间文学等学科，为了在研究中更好地复原文化语境，更是需要采用影像技术来助力相关研究。影像技术既是一种保护手段，更是一种研究方式。

我们华中师范大学文学院民间文学教研室从 2008 年创建“民俗文化视频”网站，到去年和今年连续举办两届“中美民俗影像记录工作坊”，都在致力于尝试这样一种研究方式。现在出版的这套“中国民间文化影像志丛书”，也是这种努力之一。我们相信这种将现代技术形式与传统文化内容相结合的研究方式，将来会成为一种普遍性的学术取向。我们希望每个人都能用手中的影像工具去记录自己的生活。

**陈建宪**

2015 年 11 月 30 日于桂子山

# 前　言

木兰和她男扮女装、替父从军的故事可谓众人皆知，甚至流传到其他国家。国人对木兰的了解大多来自中学课本中的那首《木兰辞》和中央电视台春节联欢晚会上反复演出的豫剧名段《谁说女子不如男》。最近十多年，木兰形象在荧幕上也颇为活跃，上映的动画、电影、电视剧等有十多部。可中国有多地宣称是木兰故里，湖北黄陂、河南虞城、陕西延安、安徽亳州和河北完县①等地都流传着大量木兰的传说，有的还和当地的地名、风物等结合起来，较为著名的有黄陂的木兰山、虞城的木兰祠、陕西的万花山。本书为读者呈现的是黄陂的木兰传说。

笔者与黄陂木兰传说的缘分可谓与生俱来，作为一个黄陂人，从小就听说木兰山、木兰湖很好玩，可却从未将它们与耳熟能详的英雄木兰联系起来，直到初中的某一年寒假。那是1992年的元宵节，雪后初晴，远在外地的亲戚难得回老家团聚，大家游兴大发，决定去木兰山玩。当时他们对木兰山的印象还停留在“文革”前的60年代。我们坐巴士到一个镇上，坐渡船过了一条河，河水甚是清澈，那是我第一次坐渡船，既好奇又紧张，然后开始顺着青石板台阶爬山。大冬天山上积雪未化，上山的路不好走，我爬到后来脱了棉袄只穿着单衣。路过一段叫好汉坡的路时，已经累得气喘吁吁，父亲却兴奋得大叫起来，说以前自己爬过。因为还在年节期间，山上无人，我们竟然省掉了所有的门票费用，很是兴奋。我与木兰的真正结缘就在那天，至今印象深刻。我们一起看有关木兰山的介绍，故事和我们课本上学到的《木兰辞》内容差不多，但是说木兰姓朱，是黄陂人，我们当时都觉得是胡扯。从来没听说木兰是湖北人，更没听说和木兰山有什么关系，当时大家都一笑了之。

当我2004年开始准备硕士学位论文选题的时候，这事一下从记忆中冒了出来，经过一番查证后发现，黄陂木兰传说历史悠久，底蕴深厚，于是开始进行调查与研究。

①1993年8月，经国务院批准，完县改名顺平县。

没有想到的是，这一研究从硕士阶段一直持续到博士阶段，历经十年的时间。除却大量的文献工作，笔者将更多的时间和精力用于田野调查，分别于2004年暑期、2005年元宵节期间、2010年2月至8月初、2011年9月至10月，在黄陂城区、木兰山、将军庙和大城潭做了细致的田野调查，在档案馆、图书馆、文化馆等地搜集了大量宝贵的文献资料，拜访木兰文化研究的专家，考察了许多与木兰相关的遗迹和古迹，采访了大量民众，这其中最大的成果是采录了当代仍然活跃在民众口头的木兰传说。至今有一幕仍深深印在我的脑海，那是2010年7月，我拜访了在木兰山地质博物馆附近居住的徐育文、王绍娣夫妇，他们二人在山上卖香蜡已经二十多年。采访过程中，徐育文讲到木兰因受诬陷被迫剖腹洗心以证清白的时候禁不住哽咽，难以继续。一开始我以为他身体状况不好，请他休息，可是过一会他再次开始讲述的时候，到了同样的地方又开始忍不住流下眼泪。这样的事情发生了三次，最后一次我忍不住细问，他才说："想到木兰将军那样死了，我过不得！"所谓"过不得"就是不忍心的意思。那一刻，我被震撼了。一位普普通通的老人，因木兰为国尽忠、为家尽孝却遭遇如此悲剧的命运而感到深深的不忍与难过。

本书分为五个部分，首先简单介绍中国木兰传说的概况，包括木兰传说自《木兰辞》开始在古典文学中的记载和演绎，以及木兰传说地方化后，河南虞城、安徽亳州、河北完县、陕西延安以及湖北黄陂等地木兰传说的相关文化遗迹、方志记载。然后，本书以黄陂木兰传说的三处遗迹为重点，以木兰生于大城潭、学艺木兰山和葬于将军庙的生活轨迹为基本顺序，分三章介绍三地的木兰传说和相关风物传说。最后一章，本书关注木兰传说在当代的流传和演变，特别是木兰被塑造为文化品牌、地方标识和进行旅游开发的过程中，当地的一系列文化建设，如旅游景区的创建、新的木兰文化景观的修建以及新的风物传说的创作和出版。关于这部分新的传说和风物，笔者认为，它们在过去三十年的旅游开发和文化建设中已经与原有的木兰传说和遗迹成鼎足之势，木兰的雕像、相关旅游景区的牌楼与宣传栏等矗立在显眼的位置，各种当代的文本通过大众传媒向当地人和外界讲述新的木兰传说甚至比传统的木兰传说更广为人知。在现实中，它们与古老的木兰传说及风物共同作为黄陂木兰文化的一部分而存在，因此本书专辟一章。

我在十年前刚开始研究的时候，从未想过这一研究会持续如此之久，原以为萦绕在心的木兰是不是黄陂人的问题会得到解决，但是时间愈久愈觉得问题复杂。在过去的千年中，木兰这一形象和她的传说穿越历史的长河，不断地在文学艺术领域被重写，具有持续的生命力。同时，她的传说与地域相结合，实现了地方化，在当地生成信仰，演绎出众多带有地方特色的传说文本，逐步发展为地方的文化和历史。在当代，有关木兰的文学艺术仍然方兴未艾，作为地方文化的木兰传说也逐渐受到政府、学界及世人的重视。在过去的三十年中，部分地区对当地的木兰文化进行发掘、整理和研究，并投入大量人力物力进行开发。作为地方文化的木兰传说正经历着剧烈的变化，本书希望在这一背景下，能够将流传于民众口头的木兰传说呈现给读者，也许数十年后，随着城镇化和现代化的发展，这些传说将从民众口头消失。同时，本书还对木兰传说当代的发展变化予以关注。我初次听到这些传说时，为它们内容的丰富所震惊，也为它们情节的生动所感染，本书运用了大量原始资料和文本，不仅可以作为一本传说集，也可以作为研究的资料使用。

木兰及其传说已经成为黄陂珍贵的历史文化遗产，包括可触可感的文化遗迹，如木兰山、祁嗣顶、木兰殿、将军坟和将军庙，以及多样的自然景观，如双龙戏珠、一里河、木兰耸翠，也包括一系列历史记载、文艺作品，还包括各种形象有趣的地名和口头传说。本书立足于本人过去十年的调查研究，同时利用 20 世纪七八十年代搜集的传说文本，结合木兰文化的遗迹和风物，力图向读者展现丰富的木兰传说，以及它们与土生土长的民众、山川风物之间的关系。

**张静**

2015 年 9 月于武汉桂子山

# 目　录

# 第一章　木兰与木兰传说

"唧唧复唧唧，木兰当户织"，《木兰辞》这一千古名篇自古就受到人们的喜爱，木兰也成为中国文学史上最为生动、著名的女性形象之一，是无数文人墨客、民间艺人、普通百姓称颂的对象。在当今全球化的时代，木兰走出了国门。迪士尼公司于1998年推出他们全力打造的动画巨制《花木兰》在全球引起轰动，木兰登上了美国《亚洲杂志》年度亚裔风云人物榜榜首的位置。中国古老的传说被外国人搬上银幕，这极大地刺激了国人。在过去的十多年里，大量的相关文艺作品涌现出来，有电视剧、电影、戏曲、歌剧、话剧和杂技等；与此同时，地方特色的木兰文化日益受到重视，木兰文化在国内兴盛起来。相传为木兰故里的湖北黄陂、河南虞城、陕西延安等地重修古迹、举办旅游文化节，地方文化工作者和不少学者也积极投入到保护和研究工作当中，取得了不少成果。在如火如荼开展的非物质文化遗产保护过程中，木兰传说受到了从地方到中央的重视。2008年，湖北省武汉市黄陂区与河南省虞城县两地联合申报的木兰传说（Ⅰ-50）被列入第二批国家级非遗名录，2011年，陕西延安市宝塔区进入扩展项目名录。

历史上关于木兰事迹的书面记载，最著名的莫过于《木兰辞》。关于此诗，争论非常多，对其产生的年代的说法就有北魏、齐梁、隋唐诸说。在郭茂倩《乐府诗集·鼓角横吹曲》的最后，附木兰诗二首，注"《古今乐录》曰：木兰不知名，浙江西道观察使兼御使中丞韦元甫续录入"[①]。《古今乐录》书名见《隋书·经籍志》、《旧唐书·经籍志》、《新唐书·艺文志》、《宋史·艺文志》等正史，都说《古今乐录》十二卷（或十三卷）为陈沙门智匠所作，但没有证据表明此文指的就是现在所见的《木兰辞》。综合各方的看法，《木兰辞》是经过

①［宋］郭茂倩:《乐府诗集·鼓角横吹曲》，中华书局，1979年，第373—375页。

唐代文人修饰的北朝民歌的说法似乎比较合理。

唐代有关木兰的记载较为零散，但是可以看出当时木兰传说的流传非常广泛。白居易有《戏题木兰花》:“紫房日照燕脂坼，素艳风吹腻粉开。怪得独饶脂粉态，木兰曾作女郎来。”徐凝也有一首《和白使君木兰花》：“枝枝转势雕弓劲，片片摇光玉剑霞。见说木兰征戍女，不知那作酒边花。”最为著名的莫过于杜牧的《题木兰庙》：“弯弓征战作男儿，梦里曾经与画眉。几度思归还把酒，拂云堆上祝明妃。”李冗的《独异志　宣室志》中明确记载了木兰的事迹：“古有女木兰者，代其父从征，身备戎装凡十二年，同伙之率不知其是女儿。”①该书成于唐宣宗至僖宗乾符元年之间，即公元 846 年至 874 年。在《喻世明言》二十八卷《李秀卿义结黄贞女》中是这样记载的，“据唐人小说，有个木兰女子，是河南淮阳人氏。因父亲被有司点做边廷戍卒，木兰可怜父亲多病，扮女为男，代替其役”②。从这些资料来看，有关木兰事迹的完整记载出现在唐代。不仅如此，湖北黄陂、河南商丘等地祭祀木兰的祠堂、牌坊的修建时间也指向唐代。可见至少在唐代的时候，木兰的事迹已经广为流传了。

北宋时期，《木兰辞》被选录入《文苑英华》、《乐府诗集》等有重大影响的文集，流传更为广泛，甚至具有了某种权威性，一个重要的例子就是木兰从军的时间——“十二年”基本上没有变化。宋代文人将注意力集中在《木兰辞》的考证上，程大昌的《演繁录》、何汶的《竹庄诗话》和严羽的《沧浪诗话》都是如此，对木兰的事迹的记载并未增加多少。

明清时期，有关木兰传说的文学创作达到了高峰，涌现了众多与木兰有关的小说和戏曲，有一些暂时无法找到民间来源，有的可能是作家的创作，有一些又明显受到地方记载的影响，它们有的在内容上相差很大，但也互相影响渗透。最早有关木兰的文学创作是徐渭的杂剧《雌木兰替父从

①［唐］李冗、张读:《独异志　宣室志》，中华书局，1983 年，第 7 页。

②［明］冯梦龙:《喻世明言》，人民文学出版社，1958 年，第 445 页。

军》，正是在这部杂剧中，木兰有了明确的身世，有了后世所熟知的姓氏——“花”。全剧共两出，第一出写出征，第二出写征战和还家成亲。在第一出的开头，木兰亮相时说道：“妾身姓花名木兰。祖上在西汉时，以六郡良家子，世住河北魏郡。俺父亲名弧，字桑之，平生好武能文，旧时也做一个有名的千夫长。娶过俺母亲贾氏，生下妾身，今年才一十七岁。”妹子木难、兄弟咬儿年纪幼小，“昨日闻得黑山贼首豹子皮，领着十来万人马，造反称王。俺大魏拓拔可汗，下郡征兵”。木兰在辛平元帅军中，立下大功，擒获豹子皮。皇帝封其为尚书郎，木兰辞封赏，回乡省亲。木兰曾与王郎定亲，王郎“说木兰替爷行孝”，非要定下木兰为妻。木兰至家，换钗裙，正好王郎来访，两人成亲[①]。

随后有关木兰的文学创作有《北魏奇史闺孝烈传》（以下简称《闺孝烈传》），撰者张绍贤，字尔修，自署籍贯为“闽川”。这是所知最早专写木兰的小说，全书十二卷，共四十六回。该书主要依据《雌木兰》铺叙而成，将时代明确到了北魏拓拔珪时期，木兰的住处细致到了花家村，王郎也有了名字，成了王青云。书中说木兰天生美貌，天性聪明，文武双全，许配同村王青云。其父花弧名在军策，限五日内起身，他几番要自尽。木兰决心代父从军，校场演武，被授守御一职，在军中屡立大功，却遭先锋牛和的排挤，被派往敌军营中下战书，被迫与敌军女将卢玩花成亲。木兰道出实情，卢玩花愿做内应，两人结为姐妹。后来木兰又大败贺虎之妻苗凤仙，巧计渡黑河，一晃七年，仍未攻下黑山。皇帝派新科状元王青云为监军，又过五年才攻破黑山，木兰活捉贺虎，大胜，皇帝封赏木兰等人。后来木兰、卢玩花同嫁王青云。该小说源于《雌木兰》，但是又有很大的发展，特别是加入了与卢玩花的一段姻缘，这个与敌方女将或公主成亲是木兰传说中一个非常重要的情节。

清朝道光年间，又出现了小说《忠孝勇烈奇女传》（以下简称《奇女传》），不题撰人著，全书

① [明]徐渭:《四声猿》,上海古籍出版社,1984年，第44—59页。

共四卷三十二回，这是继《闺孝列传》之后第二本专写木兰的小说，也是迄今唯一可以确认传说来源的小说。书中写道：隋代湖广黄州府西陵县双龙镇人朱若虚，进京应孝廉，拜李靖为师，得李靖授遁甲天书，返乡途中在朱仙镇又与尉迟恭结为兄弟。朱若虚生二子，天锡与天禄。天禄、杨桂贞夫妇年过三十无子，祷于木兰山而生木兰。木兰得祖父、丧悟和尚、铁冠道人真传，文武兼备，三教皆通。唐太宗降诏讨伐突厥，天禄病重，木兰代父从军，因尉迟恭、李靖的提拔保举，被封为武昭将军；在五台山，得靖松道人所赠的义孝明驼；征战十二年，木兰立下赫赫战功，凯旋而还；官拜兵部左侍郎，木兰表明女身，被封为武昭公主，回乡笃志修行。太宗后来听信张昌宗、许敬宗谗言，谓致乱必由武姓，暗指武昭将军木兰。木兰为示忠贞之心，剖腹剜心，以明心迹。太宗大悔，封木兰为贞烈公主，题其坊“忠孝勇烈”，葬于木兰山下。武则天赐木兰为昭烈后，又赐金书、对联。后来木兰在木兰山屡屡显圣，香火不绝。

根据《中国通俗小说总目提要》和《古本小说集成·忠孝勇烈奇女传·前言》的记载，现藏较早的版本是光绪四年（1878年）的道生堂本和常州乐善堂本，之后刻本甚多。现在较容易接触的版本以北京师范大学图书馆馆藏京都养真仙苑藏版本为底本，该版本跋的落款是“大清道光七年小阳月，上浣之吉淦川周淙敬撰”，前面提到“兹得新降马祖所演木兰奇女传，并蒙赐诗寄示”，可见此书成于道光七年（1827年）或稍前。《奇女传》明显受到《隋唐演义》、《说唐》等的影响，这在小说前半部分，木兰祖父朱若虚与李靖、尉迟恭的交往及伍云召落败南阳等处都明显地表现出来。此外该书还运用了大量湖北黄陂当地的木兰传说。书中明确介绍木兰是湖广黄州府西陵县双龙镇人，也就是现在的湖北黄陂大城潭人。小说展现的生活背景正是以黄陂为基础的，如一系列的地名：木兰山、大悟山、西寺、双龙镇等。小说结尾有一段话“本朝康熙年间，大悟山又出一僧，名冲元和尚……木兰山出一道人，能知过去未来……二公皆与四川巡抚姚公为密友，往来诗词不必细载”[①],姚公是姚缔虞，黄陂人，康熙二十四年（1685年）授四川巡抚。这样的事，与小说情节完全无关，却出现在结尾，应该只有同乡人才知道，可能小说的作者就是黄陂人。

此外，木兰传说还见于《隋唐演义》五十六回至六十回，当时刘武周结连突厥曷娑那可汗欲犯晋阳，可汗征兵。花木兰，“其父名弧，字乘之，拓拔魏河北人，为千夫长；续娶一妻袁氏，中原人。因外夷移一种木兰树，培养数年，不肯开花，其女分娩时，此树忽然开花茂盛，故其父母即名其女木兰。木兰有妹又兰，小弟天郎。突厥可汗征兵，木兰替父从军”，“出门之后不上一年，乘之染成一病，竟呜呼哀哉了。其妻袁氏，拖着幼儿幼女，不能过活，只得改嫁同里一个姓魏的”[②]。后来木兰为救可汗被窦线娘活捉，不得已透露身为女子及代父从军的真相。窦线娘感其孝行，结为姐妹。窦建德兵败被俘，线娘、木兰求见唐帝，愿以身代死。唐帝赦免建德，发配为僧。窦后嘉其志，收线娘为侄女，又厚赠木兰，送归故里。木兰归省，线娘托其付书罗成。木兰至家，父亲已故，母已改嫁。可汗闻之，要选木兰入宫，木兰托妹妹又兰男装付书去见罗成，自己自刎而死。又兰后与线娘同嫁罗成。

近现代整理的说唱文学中也有木兰传说。传统大鼓书《花木兰扫北》中写道：唐初东突厥颉利可汗兴兵来犯，李渊令李世民领军出征。商丘有个靠山庄，一外来户花弧，原名花公义，兄长花公魁，乃隋朝金堤关总兵，后来花公义逃居此处，妻蒋氏，生二女一男，木兰、木蕙、木棣。木兰得名是因为花公义家的木兰树几年没开花，在生下木兰的时候花突然开得很茂盛。木兰自幼随父习武，后来又跟一位老隐士学艺，天文地理、排兵布阵、三韬六略、兵书战策无所不精。木兰校场大胜，掌帅印，智勇双全，立下赫赫战功，被封为兵部侍郎，后辞官回乡。该大鼓书影响范围非常广，扎拉嘎在其文章《蒙古文花木兰故事——〈异说唐朝平北传〉述略》[③]中认为蒙文《平北传》的花木兰故事明显受到了《花木兰扫北》的影响。另有单田芳评书《花木兰》和龙江剧《花木兰传奇》，这两部专门讲述木兰传说的作品内容一致。主要说的是，花木兰女扮男装，代父从军，在军营中结识了豪爽的校尉金勇，结为兄弟。金勇偶然发现木兰为女儿身，大胆表白，木兰对金勇也有倾情之意，两人情定终身。决战中金勇阵亡。班师回朝之日木兰凭吊古战场，祭奠金勇。木兰后来辞封还乡[④]。

① [清]佚名著，林邦均、瞿幼宁点校：《忠孝勇烈木兰传》，北京师范大学出版社，1992年，第190页。
② [清]褚人获：《隋唐演义》，吉林人民出版社，1982年，第597—600页。
③ 扎拉嘎：《蒙古文花木兰故事——〈异说唐朝平北传〉述略》，《民族文学研究》，1997年第1期，第3—8页。
④ 根据《木兰传奇》（绿土地，http://www.hql.online.sh.cn/movie/Film.asp?FilmID=1807，2005年3月2日）简介和《代父征》（根据单田芳评书整理）综合整理而成。

在众多有关木兰的古典文学作品中，无疑《雌木兰》的影响是最大最深远的，一般认为它是抗战时期梅兰芳先生编演的京剧《代父征》的蓝本，后者又被认为是豫剧《花木兰》的蓝本，但事情没有这么简单。《代父征》中说木兰是陕西延安府尚义村人氏，这不同于《雌木兰》，据传延安也是木兰故里，但长期被忽视。豫剧《花木兰》中木兰有妹妹花木惠，弟弟花木力，这与《花木兰扫北》中木兰弟妹的名字相同，可见戏曲小说中木兰传说的情况是非常复杂的。

根据以上材料可以发现，有关木兰的文学作品历经千年，围绕木兰女扮男装、替父从军的核心情节不断被改写和重述，内容愈来愈丰富。在这一过程中，木兰传说不断发生变异，其背景、身世等的描述差异明显，没有固定的文本。考察这些文本，可以看到木兰传说地方化的痕迹。为了对小说戏曲中木兰传说进行比较，列表如下：

| 作品 | 姓氏 | 家庭 | 籍贯 | 时代 | 参加的战斗 | 恋爱 | 结局 |
|---|---|---|---|---|---|---|---|
| 《雌木兰》 | 花 | 父花弧，母贾氏，妹木难，弟咬儿 | 河北魏郡 | 北魏初 | 辛平——黑山贼首豹子皮 | 王郎 | 回乡，结婚 |
| 《闺孝烈传》 | 花 | 父花弧，母贾氏，妹木难，弟咬儿 | 河北魏郡花家村 | 北魏初 | 辛平——黑山贼首豹子皮贺虎 | 与卢玩花同嫁王青云 | 结婚，封节孝一品夫人 |
| 《隋唐演义》 | 花 | 父花弧，继母袁氏，妹又兰，弟天郎 | 河北 | 隋末 | 突厥——窦建德 |  | 可汗欲纳宫中，自刎 |
| 《花木兰扫北》 | 花 | 父花公义（后改花弧），母蒋氏，妹木蕙，弟木棣 | 河南商丘靠山庄 | 唐高祖时期 | 唐——突厥 |  | 辞官回乡 |
| 《平北传》 | 花 | 父花弧，母赵氏，弟花忠，妹又兰 | 山西宛州府宛阳县花氏村 | 唐高祖时期 | 唐——昆仑山豹子头赫立 | 王庆云 | 不详，推测同《闺孝烈传》 |
| 《奇女传》 | 朱 | 祖父，朱若虚，父，朱寿甫，母，杨（赵）桂贞，弟金兰 | 湖广黄州西陵县 | 唐太宗时期 | 唐——突厥 |  | 被诬谋反，剖腹洗心 |

# 木兰与木兰故里

木兰传说不仅在中国古典文学和通俗文学中流传广泛，影响深远，它还实现了地方化，演变为地方传说。湖北黄陂、河南虞城、陕西延安、安徽亳州、河北完县等地都宣称是木兰的出生地，当地都流传着美丽动人的传说，并存留相关遗迹以及民俗信仰活动。木兰传说历经千余年的流传和演变，一方面保持了故事的基本脉络，即女扮男装替父从军；另一方面实现了地方化，深深扎根于地方文化传统之中。各地关于她的姓氏、生活的时代以及经历都有不同的说法，现根据各方面的材料进行综合整理，列表如下：

| 地区 | 姓氏 | 故里 | 家庭 | 时代 | 死因 | 婚恋 | 古迹 |
|---|---|---|---|---|---|---|---|
| 湖北黄陂 | 朱 | 今黄陂姚集大成潭 | 祖父朱若虚，父朱寿甫，母杨（赵）桂贞，弟金兰 | 唐初（太宗） | 寿90而终，或被诬谋反，剖腹洗心 | 伍登；高世节 | 木兰殿<br>木兰墓<br>将军庙 |
| 河南商丘 | 魏 | 虞城县营郭镇魏庄 | 不详 | 隋 | 帝欲纳宫中，以死拒之 | 赵俊生 | 木兰祠 |
| 安徽亳县 | 魏 | 亳城东魏村 | 不详 | 隋 | 帝欲纳宫中，以死拒之 | | 木兰祠 |
| 陕西延安 | 花 | 延安万花山下 | 不详 | 北魏 | 寿80而终 | 张羽 | 木兰墓<br>花家陵 |
| 河北完县 | 魏 | 亳州 | 不详 | 汉文帝 | 不详 | 不详 | 木兰祠 |

关于木兰身世和时代、故里之争早已有之，到现在这个问题不但没有越辩越明，反而日益复杂。最初的史料都没有论及木兰的身世，只有关于她代父从军的记载，后来木兰的身世才有了明确的说法，现存最早的记载是河南商丘木兰祠所存的元代石碑《孝烈将军祠像辨证记》。明代，河南商丘、河北完县、安徽亳县、湖北黄陂都有证据表明，当时各地木兰的记载已经比较详细，具有地方特色了。

## 商丘、亳州和完县

河南现存最早关于木兰的记载是商丘虞城木兰祠所存的元代石碑《孝烈将军祠像辨证记》。木兰祠，俗称孝儿祠，位于虞城县城南35公里营廓镇北1公里处。始建于唐代，金、元、清各代曾重修扩建，至民国初年，木兰祠占地万余平方米，有大门、大殿、献殿、后楼和配房等共百余间。围墙内外，植有高大的唐槐翠柏。大门过道内，有花木兰的战马塑像及其全家塑像。祠堂内外有十余块历代名人、官吏赞美花木兰的诗文、书画碑刻。原祠毁于1943年战火，存有石碑两通，一是元代《孝烈将军祠像辨证记》碑，立于祠大门内东侧，高 3.6 米，宽 1 米，为元代元统甲戌夏汤德等捐资所立，二是清朝嘉庆年间的《孝烈将军祠辨误正名记》碑，立于该祠大门外西侧，高 2.14 米，宽 0.78 米，两碑的主要内容都是考察辨证木兰的时代、家乡、事迹及木兰祠、木兰像等。

元代碑文是有关木兰较早的文字记载："将军魏氏，本处子，名木兰，亳之谯人也。世传可汗募兵，孝烈痛父耄羸，弟妹皆稚呆，慨然代行，服甲胄……人莫窥非男也，历年一纪……朝觐天子，喜其勇功，授以尚书。隆宠不赴，恳奏省视，拥兵还谯，造父室，释戎服，复闺装，举皆惊骇，咸谓'自有生民以来，盖未见也！'卫兵振旅还，以异时闻于朝，召复赴阙，欲纳宫中。将军曰：'臣无媲君礼制。'以死誓拒之，势力加迫，遂自尽。所以进赠有孝烈之谥也。"[①]其后《河南通志》，康熙《商丘县志》、乾隆《归德府志》等关于虞城木兰的记载基本同于此碑文，节略甚至基本转抄。嘉庆十一年（1806 年）对祠堂进行了大修，并立有《孝烈将军祠辨误正名记》碑，今存，记载了木兰的故里、身世等，进一步晓喻为"孝烈将军祠"，以"扫尽一世之讹误，以显我孝烈将军之青天白日"[②]。在河南商丘，木兰的记载在元代已经定型，木兰姓魏，隋恭帝时人，替父出征十二年，有功而还。皇帝欲纳宫中，木兰不从，自尽而亡。且当地木兰文化也非常浓厚，不但有大的庙宇祠堂，还有隆重的祭祀仪式，木兰已经成为地方一个非常重要的神。

河北完县木兰传说与河南虞城木兰传说之间有很紧密的关系。虞城木兰祠元代碑文提到了完州（今河北完县）和睢阳营郭（今属虞城）的木兰祠，"古完庙貌凡五比，岁毁其一，今所存者尚四。岁遇四月八日，有司率耆士邦民，大飨祀焉，神祝灵异，有祷即应，此海内共传者也"，而"睢阳境南，东距八十里营郭，即古亳方域，孝烈之故墟也。以建祠像，土人亦四月八日致祀，乃将军生朝，沿习古老之云也"，"金源泰和间，敦武校尉

① [元]侯有造:《孝烈将军祠像辨证记》，马俊华、苏丽湘主编:《木兰文献大观》，河南人民出版社，2000 年，第 8—11 页。

② [清]孟毓谦:《孝烈将军祠辨误正名记》，马俊华、苏丽湘主编:《木兰文献大观》，河南人民出版社，2000 年，第 56—57 页。

归德府谷熟县营郭镇（1954年并入今虞城县）酒都监乌林答撒忽拉，重建大殿、献殿各三间，创塑神像，侍人有七"，可见至少在元代，完县和虞城两地已有木兰祠，庙宇壮丽，塑像精美；还有每年四月八日的祭祀，"沿习古老"，仪式隆重。

有关河北完县木兰较早的记载是保存于孝烈将军庙的元代碑文，由达世安所作，碑文记载："神姓魏，字木兰，亳州人。汉文帝时，单于侵境，大阔天下民以御，神父当行戍。父极痛无一男子可代己者，哀叹良久，竟行。神自闺中愍其父老，即洗铅粉，脱梳珥，变戎服，贯甲胄，趋赴军中，搴旗斩将，攻城掠地，所向辄克捷，莫有当其锋者。在军凡十二年，屡立殊勋，论功上首，辞弗受赏，愿归乡里，奉事父母，文帝嘉焉，特从其志。"[①]在当时，完县有将军祠，木兰作为神受到地方民众的敬仰和崇拜，达世安记录了当时的情况："祠在完州城东门外，历五季、宋、金，虽迭有威灵传世，绵远莫之悉考。逮我无朝，在境士民，岁时致祭，有祷必响，雨旸时若，阖境然。州之义士贾士贞等，深感神佑庇之惠，愿立贞珉，以记录其实。"[②]完县也承认木兰是亳州人，但是时代提早到了西汉时期[③]。

河南虞城和河北完县较早的地方志记载中都明确说木兰是安徽亳州人。根据《凤阳府志》的记载："隋木兰魏氏，亳城东魏村人。隋恭帝时，北方可汗多事，朝廷募兵，策书十二卷，且坐以名。木兰以父当往而老羸，弟妹俱稚，即市鞍马，整甲胄，请于父代戍。历十二年，身接十有八阵，树殊勋，人终不知其女子。后凯还，天子嘉其功，除尚书不受，恳奏省亲。及还，释戎服，同行者骇之，遂以事闻于朝。召赴阙，欲纳之宫中，曰：'臣无媲君之礼。'以死拒之。帝惊骇，赠将军，谥'孝烈'。昔乡人岁以四月八日致祭，盖孝烈生辰云。"[④]这一记载与河南元代侯有造碑文的内容非常相似。

由以上资料可以看出，河南商丘、安徽亳县、河北完县的有关木兰的记载基本是相同的，她姓

①［元］达世安：《汉孝烈将军记》，见黄灿章、李绍义编著，《花木兰考》，中国广播电视出版社，1992年，第18页。

②［元］达世安：《汉孝烈将军记》，见黄灿章、李绍义编著，《花木兰考》，中国广播电视出版社，1992年，第19页。

③ 马俊华主编：《巾帼英雄花木兰》，天马图书有限公司，2000年，第5页。

④《古今图书集成·明伦汇编·闺媛典》第三四一卷《闺奇部列传》。

魏，亳州人，生活在隋代。帝欲纳她入宫，遂自缢，谥“孝烈”，有“孝烈将军祠（庙）”，每年四月八日，木兰诞辰之日，有隆重的祭祀活动。当地存在木兰的相关信仰，木兰往往作为一个神存在，庇佑四方百姓。事实上，有明确记载的木兰故里中，宋州、商丘、亳州、谯郡这四处指的基本是一个相同的范围，都属于古亳地。由此，笔者认为这三地的木兰传说是属于同一系统的，暂且称为古亳地系统。根据张娅写于 2006 年的硕士学位论文《虞城木兰传说研究》和李绍义编著的《花木兰考》，至今，河南虞城和安徽亳州两地民众中仍然流传着木兰的大量传说，并与一定的风物联系起来。

### 延安

延安宝塔区有万花山，山下花源头村传为木兰出生地。根据宝塔区文化馆网站资料，“花源头便是花木兰之家乡。山上有跑马梁，传说是木兰习武之场地，山腰有一古冢，立五尺石碑，书有花将军之墓，何年何人所立，风化斑驳不可辨认，以后平整农田时毁之，今已荡然无存”。传说，花木兰生活在北魏时期，父亲花弧，原为朝廷的一员将领，征战多年后解甲归田，生有木兰姐弟三人。木兰与邻居张羽跟随父亲一起习文练武，练得一身本领。17 岁那年，突厥入侵北魏，朝廷征兵，木兰因父亲老弱、弟弟年幼而决定替父从军，张羽也同往军中，二人在黑山军营，元帅贺智章帐下屡立奇功。后来突厥求和，魏军凯旋还朝，木兰婉拒封赏，请求回乡。木兰与张羽回到家乡，恢复女装打扮，两人成婚，过着幸福的农家生活。“婚后，尽管皇帝给她和张羽赏赐了许多金银，二人仍和从前一样种地、纺织，过着普通农家生活。只是由于军队生活中养成了练武习惯，经常和张羽一起骑马练武，现在花源头村旁那一座较平缓的山——走马梁，就是当年木兰练武之地。据说，木兰活了 80 多岁，她去世之后，就埋在万花山花源头村旁的一座山上，当时皇帝还专门派人来给她送葬，墓下有石阶路，路两旁有石人、石马、石狮、石羊，还有拴马桩等。历久香火不灭，尤其是女扮男装、替父从军的故事，虽时隔1500多年，仍盛传不衰。”①

据有关网站介绍，当地有木兰的相关书籍和实物，可惜保存不善都遗失了。20世纪40年代，当地村民张怀仁家中藏有明朝版本《木兰考》古装书，后遗失；60年代初，花源头村发现木兰碑，后被村民打石碾子用了，目前只留存碾轱辘作为木兰碑的唯一见证物。

## 黄陂

与上述四地的木兰传说相比，黄陂木兰传说自成体系。黄陂的木兰传说历史悠久，唐代大诗人杜牧任黄州刺史期间（会昌三年，公元843年）游览木兰山，留下《题木兰庙》：“弯弓征战作男儿，梦里曾经与画眉。几度思归还把酒，拂云堆上祝明妃。”可见当时木兰庙已经存在，那么木兰的传说和信仰应该更早，因此，黄陂木兰传说的历史至少有1200年。

不同于其他地区木兰事迹散见于“烈女”、“古迹”等，清代同治十年（1871年）《黄陂县志》为木兰单独作传，能得此殊荣的仅有“二程”和“木兰”。“二程”指的是明代著名理学家程颢、程颐兄弟，他们兄弟二人祖籍河南，出生在黄陂。现在黄陂还有与二程相关的古迹、地名，如“双凤亭”、“前川”、“鲁台”。县志中将他们并列，可见木兰在当地地位之崇高。《木兰志》包括介绍木兰将军生平事迹的传记三篇，游记诗文十多篇。在开头就交代为什么要单独为木兰作传：“木兰将军旧志列诸贞女以冠节孝之首，可谓之所重也。然于尊崇之意犹觉歉然。今取旧志所载及各文集所列者彙为一编，以见千古特出不与寻常等夷云。”②

其中收录时任辽东巡抚的当地人张涛于明万历三十七年（1609年）奉敕重建木兰山时所做的《题建木兰山将军庙奏疏》记载：“有湖广省黄州府黄陂县木兰山，乃真武修炼之所。唐节度使朱异家于其下，其女代父出征，功封木兰将军，启建祠宇于其上，并立真武庙，貌世远年湮香火颓废。”③

①《花木兰传说》，陕西非物质文化遗产网，http://www.snwh.gov.cn/feiwuzhi/sjep/mjwx/14/200912/t20091209_84883.htm，2009年12月9日。

②［清］刘昌绪修，徐赢编纂：《黄陂县志》卷七下，同治十年（1871年），第148页。

③［清］刘昌绪修，徐赢编纂：《黄陂县志》卷七下，同治十年（1871年），第148页。

木兰将军家在黄州木兰山附近，父为朱异，初唐人，这种说法至少在明万历年间就固定下来，而木兰祠的建立也是比较久远的事情。

《木兰志》中有《木兰古传》一篇，年代作者不可考，详细记录了木兰的生平：

木兰将军，黄郡西陵人也。姓朱，父寿甫，母赵氏，无子，祷于建明山。赵氏梦山神抱一女入室，曰："此将星也，三国末坠诸葛营中，自土宇分裂，三辰失形，久隐此山，今付汝家。黄有四泽，泽气多女，故不能男。后二十年当显于世。"遂有娠，如期生女，是为木兰。寿甫长男全思殁于军，少男孺生尚幼。木兰儿时，妆貌端凝，不雅修饰，心志贞纯孝友，忒聪颖，诗书过目成诵，悲歌慷慨，有烈士风。每对镜流涕，耻为女相。读书至母仪妇道及忠孝大义处，（辄）太息不自安。曾突厥入寇，军书叠至，寿甫以千户长应赴选，苦衰羸不堪远征，日夕忧戚。木兰方织（纴），投杼叹曰："缓急无所恃，生女何为乎？乃市鞍马，易戎服，为男子妆，代父北征，自号贞烈壮士，易名朱贞烈。木兰之至军也，诡离韬晦，正气凛然，一时从征之士，莫敢觊视，常乘轻骑与其属将侦虏虚实，人无有知者。木兰既悉虏情，凡军中策应机宜必咨及焉。贞观二年诏大将军李靖率诸营进攻突厥，持久不下，卒疲无斗志。木兰进曰："元帅拥十万之众，转□[1]千里之外，若其坐甲不前，一旦粮匮，□[2]保敌人不乘隙至乎？愿假数千人誓扫鲸鲵，以报朝廷。"元帅壮其言，选健卒五千与之，随督大军分道并进，木兰深入虏地，转战数昼夜，濒死贼中，五千人几尽。属将张万坪、张德官、木之易、李之材、童侍恩、黄衣、郭东，如此七人者，皆忠义之士，相与振臂一呼，丑虏丧胆，木兰遂乘势拔其坚垒，时大军已抄袭虏后，闻木兰捷报，奋力并攻，合围突厥于阴山，遂大破其众。还朝策勋，除木兰尚书，木兰辞曰："臣在边十二年，父母存亡未卜，愿乞归省。"上嘉其孝，赐内

①□处，原文不清晰。
②□处，原文不清晰。

厩千里马，使驰以归。木兰卸戎服，理旧装，自是承欢膝下，孝敬弗衰，寿九十以疾终于家，冢在木兰山后，上有一冢，即将军墓，下一冢乃葬衣冠处，旧有碑碣，渐为牧竖所残云。[①]

黄陂木兰传说主要集中在北乡长岭、塔耳、姚集一带。在黄陂，木兰一般被当地人尊称为木兰将军，原本姓朱，生活在隋末唐初，生于大城潭，学艺木兰山，葬于将军坟，这三个地区也是木兰传说较为集中的地区。大城潭是木兰的出生地，原本是一个三面环水、有着高大城墙的古镇，商贸发达，古时候称为双龙镇。她的父亲朱寿甫（朱天禄）与妻子年过半百无子，在木兰山的祈嗣顶祷告，求来木兰。木兰从小聪明伶俐，曾经跟随大悟山的丧吾和尚和木兰山的铁冠道人学文习武，研习兵法和武艺。在木兰山上，她与祖师爷下棋（棋盘石）、开辟山路（好汉坡），与狐狸精斗法（风洞）。接到兵书后，木兰决定女扮男装替父从军。当地乡亲一夜之间为她铸好兵器和铠甲，留下许多铁渣子，后来这个地方叫作铁屎墩。木兰在战场上结识了花阿珍（敌方女将或者当地妇女）。木兰立下众多功绩，打败了跟她在木兰山结仇的狐狸精独手大仙，从士兵升为将军，凯旋还朝，婉拒封赏，回乡侍奉双亲，并向花阿珍阐明真相，两人结为姐妹。回乡以后，木兰为乡亲们做了很多好事，深受爱戴，可惜后来，她被奸臣污蔑谋反（或者被乡人诬陷失贞），在（滠水）河边剖腹洗心以证清白，后来被埋葬在木兰山北山脚下的将军坟，坟像一座山包，旁边修建了将军庙。将军庙门前有一对石狮子，一对白果树，庙内有一匹白马。唐太宗知道错怪木兰将军后，命令在木兰山上修建木兰殿和"忠孝勇节"牌坊纪念她。将军死后，多次显灵，守护一方，成为乡亲爱戴尊敬祭祀的神灵。抗日战争期间，日本人破坏将军庙，从台阶下挖出一对簸箕大的癞蛤蟆，睁着又红又亮的眼睛守护将军庙，他们怕触犯神灵，停止了挖掘，将军庙得以保存下来。

①［清］刘昌绪修，徐瀛编纂：《黄陂县志》卷七下，同治十年(1871年)，第148页。

至今，木兰山香火不绝，将军坟、将军庙也仍为周边村落的信仰中心[①]。

有关木兰的遗迹和古迹也主要存留在上述地区:木兰山、木兰川、木兰寺、木兰殿、将军庙、将军坟、铁屎墩、仙合店、一里河、棋盘石、好汉坡、剑劈石、飞来石、眼泪凼。每一个地名和古迹的背后都有一则动人的传说。其中，以木兰出生地大城潭、修炼地木兰山和埋葬地将军庙的传说最为丰富。

非常可惜的是，一些重要遗迹在“文革”期间被破坏殆尽。木兰山情况类似，1966年，几乎是一夜之间，将军庙被拆除，所有的神像全被打碎，留下的只有门前那对白果树和一对大石狮子。所有的建筑，除了玉皇阁，全部被拆除，材料运走修建工厂，僧人和道士被迫还俗离开木兰山。十多年的时间，木兰山一片荒凉。20世纪80年代初，地方政府决定恢复木兰山，重建庙宇，邀请离开的僧人道士回山。木兰山作为宗教圣地和旅游景点被开发，与此同时，相关的文化建设工作也提上日程，木兰传说的搜集、整理、出版就始于这个时期，相关的研究逐步展开。近三十年来，相关的政府部门、大批地方的文化工作者、木兰文化的爱好者为木兰文化的复兴付出了大量的努力。20世纪90年代末在世界范围兴起的木兰文化热和近十年开始的非物质文化遗产保护工程，为黄陂木兰传说的传承和研究提供了良好的契机。三十多年来，黄陂木兰传说在这些方面取得了大量成果，大致可以分为以下几个方面：

第一，传说的搜集、整理和出版。曾经在木兰山风景管理处工作过的黎世炎先生和长岭文化站的杜有源先生在20世纪80年代走访了木兰山周边的几乎每一个村落，搜集记录了大量的木兰传说，其中的一部分可以在出版物中找到。早在1983年，《黄陂文艺》编辑部编辑刊发了有关木兰山的传说；1984年，王汉清编著了《神奇的木兰山》，2006年，在原书的基础上增添有关木兰山文化的其他内容后，仍以此书名再版。

第二，文献资料的搜集。木兰传说不仅以口头的形式流传，也以书面文学的形式存在。有道教传本《木兰从军》和手抄本《木兰宝传》、道教经文《忠烈将军救世真经》、《清微木兰将军醮科》、《黄陂县志·木兰志》和善书《木兰从军》等。

第三，遗迹的修缮和重建。木兰山的庙宇曾有七宫八观三十六殿一说，“文革”期间尽毁，经过近三十年的修缮，现在已经具有相当的规模，据统计，山上佛教庙宇六座，道教宫观十六座，僧道合计23人[②]。

第四，木兰山宗教和文化的恢复。为了恢复木兰山的宗教和文化，地方政府做了大量工作，诚心邀请“文革”期间还俗的僧人道士回到山上主持庙宇的

① 以上简述根据笔者田野调查资料综合整理而成。

② 根据2008年统计数据(万学洪主编:《木兰山志》,长江出版社,2009年,第90页)的调查,有些宗教人员虽然在山上修行,却并没有登记,因此这个数字是保守估计。

工作，现在山上仍有数位“文革”前甚至新中国成立前就已经上山的僧人道士。

第五，研究工作的开展。地方文化工作者和专家学者都参与到木兰传说、木兰文化的研究工作中。阮润学考证黄陂境内有个古木兰县[①]，黄锂对木兰文化及其发展都有精彩的论述[②]。《木兰文化新论》和黄陂木兰文化研究会编写的《木兰文化（一）》两本专著集中了十多年来的研究成果。历经二十多年的编纂，《木兰山志》于2009年正式出版，该书系统全面地介绍了木兰山的自然、地质、历史、文化。

第六，相关文艺作品的创作。黄陂的地方文化工作者和文艺团体积极投入到木兰传说的再创作中，较为有影响的有：周大望的《花木兰传奇》[③]，明德运的长篇历史小说《花木兰》[④]，楚剧《花木兰》和《少年花木兰》[⑤]，《木兰山组歌》[⑥]，还有湖北大鼓、大量诗歌等其他文学作品。《木兰山诗词集》[⑦]辑录了吟咏木兰的作品八百五十一首。此外，还有剪纸、雕塑、书法、绘画、楹联、连环画、邮票等艺术创作。

第七，木兰文化品牌的利用和开发。木兰文化成为促进黄陂旅游开发的最大品牌，“木兰八景”已形成规模效益，包括木兰山、木兰湖、木兰天池、木兰川大余湾民俗村、木兰古门、木兰清凉寨、木兰云雾山、木兰草原等各具风情的景点。每年的木兰文化节成了一张推广木兰文化和黄陂旅游的名片。现在，黄陂区立足已有的旅游资源，全力开发“木兰文化生态旅游区”。黄陂各地以木兰命名的店铺、产品不胜枚举。

木兰及其传说在黄陂传承千年，在这千年的流传中，融合了官方的、宗教的因素，产生了深远的影响，成为黄陂的标志性文化之一。黄陂，特别是北部的长岭、姚集一带有许多有关木兰的遗迹和地名，成为重要的文化旅游资源。不仅如此，木兰及其传说仍然活跃在黄陂民众的口头，在调查过程中我们发现，木兰无人不知、无人不晓，她男扮女装、替父从军的故事仍具有深深的吸引力，许多人能够讲述完整的木兰的故事；木兰的精神和信仰仍然在当地的宗教徒和普通民众生活中发挥着重要的作用，木兰文化在当代的发展深刻地影响着当地政治、经济和文化的发展。

① 阮润学：《黄陂境内有座古木兰县城》，《炎黄》，2002年第3期，第34—37页。

② 黄锂：《花木兰将军三考》，《炎黄》，1999年秋冬合刊，第24—27页；《千秋家国木兰情》，《武汉文史资料》，2000年第11期，第4—8页；《木兰文化初探》，《武汉文博》，2002年第2期，第16—21页。

③ 周大望：《花木兰传奇》，武汉出版社，1999年。

④ 明德运：《花木兰》，解放军文艺出版社，2002年。

⑤ 导演、编剧高秉江，由武汉市艺术学校、黄陂区楚剧团联合创作演出，2005年11月首演。

⑥《木兰山组歌》以弘扬木兰精神为主线，分“文化之源”、“山水之韵”、“和谐之地”、“红色之魂”四个乐章，共有《木兰歌》、《阿里山摇篮曲》、《和谐中国》、《追求木兰山》、《啊！木兰山》等十三首歌曲。总导演郎昆，主唱彭丽媛、阎维文、殷秀梅等，2006年9月17日于木兰山首演。

⑦《木兰山诗词集》编审委员会编：《木兰山诗词集》，武汉市黄陂区诗词学会，1999年。

# 第二章

# 大城潭与木兰传说

大城潭，为大城潭村之简称，顾名思义就是“潭中的大城”，隶属武汉市黄陂区姚集镇。大城潭曾经是名副其实的大城，东临滠水河，北枕大寨（山），南靠小寨（山），护城河环绕。该城有三个城门，分别是东门、西门和南门，每个门均有一座桥与外界相连，分别命名为东门桥、西门桥和南门桥。在村民的记忆中：城门气魄雄伟，城墙高大坚固，护城河宽阔清澈，船只来往繁忙，集市人头攒动。

▲图 2-1　大城潭村外农田（张静摄于 2014 年 11 月）

大城潭原名双龙镇，传为木兰出生地。此地名与这里的地形风水相关，大城潭正对面的滠水河西岸边有一块巨大的圆石头，在两岸葱葱郁郁的树木和农田间异常显眼，这就是所谓的珠。东岸这边村落的南北两边有一大一小两座土墩，地势险峻，如双龙之首，后面的山丘沿着河岸蜿蜒而去，山岭上树木丛生，宛如两条巨龙，这就是双龙。谌文焱说："大龙头往姚集方向看去，有五个小山包，就是龙的爪子；同样，小寨往南也有五个同样的小山包，末尾就是一里河。"①西岸的石珠，中间清亮宽阔的滠水河，东岸绵延的两条巨龙，形成双龙戏珠的绝佳风水，而大城潭正好坐落其间。

大寨在北，地势较高，是一个数百平方米的高台，距河岸有十多米，因此村落没有北门。大寨地势平坦，视野开阔，其上仍有数十米城墙遗迹。小寨在南，地势平缓，通往下游村落的小路将其截断。大寨与小寨是 1988 年武汉市命名的文物保护单位。

▲图 2-2 滠水河与大寨山（张静摄于 2011 年 10 月）

①谌文焱讲述，张静搜集，2011 年 10 月 13 日，黄陂姚集大城潭谌文焱家中。

▲图 2-3　大小寨遗址文物保护单位标识（张静摄于 2014 年 11 月）

大城潭所在的姚集镇位于黄陂北部，与红安、大悟毗邻，距河南、安徽均不远。滠水河发源于大别山南麓鄂豫交界处的河南省罗山县，起点为河口，南北纵贯黄陂，最后注入长江，自古为交通要道，沿途的长堰、王家河、研子岗、长轩岭、大城潭和姚家集均设有客、货码头，商贸活动非常发达。大城潭因其优越的地理位置成为重要的交通、商贸集散地。据清代同治年间《黄陂县志》记载："滠水，在县北二百里，发源于河南罗山县，通大城潭入县河，达于江水。冬日温，称为十景之一，有诗。"①

大城潭历史悠久，黄陂长岭镇文化馆的杜有源自 20 世纪 80 年代开始多次实地走访，调查村民，梳理了大城潭的历史资料。根据他的研究，大城潭原名双龙镇，隋唐时也叫朱城寨，"意思是朱姓人在这里筑的城寨"，明代时又叫过大城潭，"即滠水河深潭旁修筑扩建了一座大城"，明朝为了打击猖獗的盗匪，保护商贸活动和民生治安，在此设大城潭巡检司，一直持续到清朝末年才结束②。据清代同治

① [清] 刘昌绪修，徐赢编纂：《黄陂县志》卷六，同治十年（1871 年），第 159 页。

② 杜有源：《双龙镇史话》，见木兰文化研究会编：《木兰文化（一）》，解放军文艺出版社，2008 年，第 73—80 页。

▲图 2-4 滠水河与小寨山（张静摄于 2011 年 10 月）

年间《黄陂县志》记载：“大城潭，在县北七十里，大城镇设巡检司。[①]”可见当时大城潭在黄陂北部具有一定的政治、经济和军事地位。一些学者甚至认为大城潭过去是一个政治中心，即古木兰县的县治所在。据阮润学先生研究，古木兰县最早见于《南齐书》，属安蛮左郡，推测其最初设置的时间可能在刘宋（420 年—479 年）时期。梁朝萧梁将木兰县改为梁安县，到隋开皇十八年（599 年）又改为木兰县，隶属永安郡，唐武德三年（620 年）撤销。古木兰县的疆域应该在现武汉市黄陂区北部、大悟县东南部、红安县西部，其县城应该在黄陂北部[②]。谭其骧在隋朝江汉沅湘诸郡历史地图中，将木兰县的位置标注为黄陂北部、红安西部和孝昌西部的毗邻地带，位于滠水河东岸，大概就在今大城潭[③]。

大城潭曾经也是地方宗教活动的中心之一，黄陂八大寺之一的观音寺就坐落在距村子东北方一二

① [清] 刘昌绪修，徐瀛编纂：《黄陂县志》卷六，同治十年（1871 年），第 159 页。

② 阮润学：《黄陂境内古木兰县址的探索》，见《木兰文化新论》，2007 年，第 93—99 页。

③ 谭其骧主编：《中国历史地图集》第五卷，中国地图出版社，第 26 页。

里的一座小山的山腰，用谌文焱的描述，是一个撮箕地，山下有个龙潭，风水极佳。在民间传说中，观音寺在唐代就已经存在，且香火旺盛。

大城潭作为地方政治、经济、文化中心的繁荣的场面一直持续到 20 世纪 60 年代末。在农业学大寨的过程中，所有的城墙和桥梁在 1968 年至 1969 年全部被拆毁用于耕种，仅在大寨、河边留下数米长的城墙，桥梁中仅有东门桥留下了桥墩。年纪在五六十岁以上的村民均能清晰地回忆城池的壮观，谈论的时候无比自豪，却也无限惋惜。

▲图 2-5　青石门柱（张静摄于 2011 年 10 月）

▲图 2-6　青石雕花（张静摄于 2011 年 10 月）

学大寨期间，村庄原址改为玉米地，村民搬往靠南的山冈上另辟村落，命名为新建村。自 20 世纪 80 年代开始，村民陆陆续续回到原址修建房屋，重新形成村落。因此现在大城潭村民居住于两个地方，相隔一百米左右，虽分属两个村民小组，但一般都说是大城潭，新建村称为“高头的”，在原址上兴建的村落则称为“底下的”。另外，大城潭最西边靠近滠水河的一般被称为“河边”，是河边湾的简称，村民认为是另外一个村落。河边湾住户全部姓朱，解放前大约有几十户，以驾船为主，后来陆陆续续迁出，现仅剩下两户，且只有朱卫华一家常年在此居住，开着一家批发部，是村里经济条件较好的人家。当地人认为，木兰姓朱，就是河边朱家的姑娘。

现在的大城潭与邻近的村庄别无二致，已难见昔日的繁荣与喧闹，农田围绕，一条笔直的街道横贯东西，两侧有或新或旧的民宅，这些民宅后面还各有一排房子。村中留守的多为老年人和妇女，大家过着悠闲的生活。街道两侧村中店铺林立，肉铺、菜摊、理发店、杂货店、裁缝店、电信服务点、麻将室等应有尽有，依然是服务周边地区的商贸中心，只是繁华不再。道路的尽头是个丁字路口，向前直走通向滠水河，自南向北的土路将大城潭村与河边湾分割开来。大体上，村落仍按照原来的样子在护城河内复建。现在护城河已经完全干涸，但是河道仍在，一部分荒废，一部分被开垦为菜地。虽然连接外界的三座桥也与城墙一起被拆除，但是在原址上仍建有三座简易的石桥，东门桥连接从姚集镇过

▲图 2-7　西门桥与护城河（张静摄于 2014 年 11 月）

▲图 2-8 村外农田（张静摄于 2014 年 11 月）

来的水泥马路，南门桥通往新建村，西门桥靠近河边连接着通往南边村落的水泥路。

村落尽头的河边湾，仍存有朱家老宅的地基——“朱家台子”。第一天到大城潭，谌文正老人就带我去看过，顺着他指引的方向，我看见一栋破旧的土坯房孤零零立在河边的一块高地上，离河边大约十米，背后就是大寨，房门紧锁，门口杂草丛生，仔细观察，屋子应该是近现代的，但是石头地基可能较为古老，而且面积很大。朱卫华回忆：那个老房子，20 世纪 60 年代就空了的，每年请人维修，他想修新房子，文化局不让在原址修，说要保护起来。

房子以前有大柱子，很高，两层，楼上能唱戏，很精美。朱卫华的妹妹朱延芝当时年纪不大，但是仍依稀记得是

▲图 2-9 朱家台子大门（张静摄于 2014 年 11 月）

个“古皮屋”①，很大，门口有好多台阶，所以叫“台子”。

第一次听说这个地方是在2004年的暑假，当时为了写作硕士学位论文到黄陂调查当地的木兰传说，我采访了当地公认的专家黄锂先生，据他介绍，大城潭是木兰故里，当时即想探访，但因为各种原因一直未能成行。到了2011年10月份，经过多番努力，通过黄陂长岭文化站的杜有源先生的帮助，我终于到大城潭顺利开展了田野调查。第一次去大城潭，先乘坐巴士到姚集镇，然后转乘摩托车，这是当地村民常用的便捷交通工具。路况非常好，两边稻田、麦田、菜地连绵不断，原野上的风清新干净。摩托车走了将近二十分钟，直接进了村里，很快就有人热情和善地围上来问我找谁，我说明来意，并请求他们带我去见谌文正老人。老人及其家人非常热心，得知我来研究木兰文化之后，将我带到村支书家，请他为我安排食宿。村支书谌建国和他的夫

▲图2–10 大城潭村与农田（张静摄于2014年11月）

① 古皮屋，方言，大意为有许多木雕装饰的房屋。

人商量半天，考虑到我是年轻女性，又是从城市里来做调查的，特意安排我住到谌文焱家。谌文焱和朱延芝夫妻二人四五十岁，在村中算年纪较轻的，儿女均在武汉工作，经济条件较好，家中新盖的洋房，宽敞、干净。谌文焱的妻子朱延芝是朱家的姑娘，木兰的后代。他们安排我住在二楼他们女儿的卧室，安静舒适，适合做研究。

当天下午我回到武汉城区做好准备，11 日再次来到大城潭。谌文焱夫妇热情、细心，安排的房间整齐干净，伙食荤素搭配，每天我们都要聊聊研究的进展，熟悉起来后也聊些家常话，相处融洽。我每天五点起床，按计划进行调查走访，到了饭点回来吃饭，晚饭过后不再出门，在房里聊天或者整理材料。在接下来的两周时间里，我在大城潭和新建村两地进行了访谈，并在谌文焱的帮助下去了一里河村。整个调查非常顺利，因为住在村子里，村民与我很快熟悉起来，大家似乎都知道我此行的目的，非常感兴趣，经常在吃饭时间或者傍晚休息时间过

▲图 2-11　滠水河（张静摄于 2011 年 10 月）

来闲聊，你一言我一语，谈得兴高采烈。谌文正老人年近八十，腿脚不便，却拄着拐杖带我走访大城潭的遗迹；谌文焱主动带我去爬大寨山，开摩托车去观音寺和一里河，他站在大寨山顶上回忆春暖花开的美丽景色时陶醉的神情至今历历在目。

大城潭村现在有居民 80 户，300 多人，谌姓为大姓，少数几户姓朱、胡和陈。这里只有朱姓是土著，其余都是明朝初年从江西过籍来的。村民大部分在外打工，主要从事建筑、服务、服装等行业，在武汉和广东两地的较多。55 岁以下的村民基本都在外，孩子随同父母在外上学或者在镇上住读，现在村里住的主要是老年人，只有两个读小学的小孩。村民的收入主要来源于自己和家人打工所得，村里的田地没有荒废，农业是辅业或者仅仅是为了满足日常生活需要，而不作为收入来源。居住在村落街道两边的居民多半有自己的小生意，服务本村和周边村落的居民，有肉铺、蔬菜摊子、服装铺、裁缝铺、杂货铺、五金店、电信营业点、理发铺、麻将室等，仍然保留着集镇的基本功能。村民们的生活简单而充实，有的照看生意，有的在田地里劳作，有的照看孩子，闲不住的人忙里往外，享受闲暇时光的人和邻居聊聊天、打打牌。我的房东谌文焱，每天凌晨四点起床骑摩托去镇上贩猪肉，然后去临近的村子卖肉，到了七八点回来，守着自己的摊子，同时还开摩的，非常勤劳。他的妻子帮丈夫看摊子，忙忙家务，也照料自家的菜园子。

▲图 2-12 大城潭街道（张静摄于 2014 年 11 月）

大城潭的村民基本都知道木兰，包括许多女性都能简单讲述木兰的传说。来自全国和地方政府、学界、媒体的重视无疑影响了村民对木兰及其传说的态度。一方面来自外界的重视促使村民关注木兰及其传说，另一方面这些重视并没有给他们的村落和生活带来正面的影响，所以对讲述和采访抱有一定的消极情绪。但是大部分村民在经过解释和鼓励后，都能积极参与调查。因此，在这里做访谈的时候往往会吸引村民围观甚至加入到讨论中，有时候他们还饶有兴趣地你一句我一句讲述甚至争论起来。

在大城潭，我进行了 13 次一对一访谈，6 次群体访谈。村民的讲述主要可以划分为两大部分：一是关于大城潭本身，特别是对其辉煌过去的回忆和怀念，以及风水被破坏的惋惜；二是关于木兰，主要是强调她作为一个当地出生的普通女性，做出了其他女性甚至男性都难以企及的成就。

## 木兰与大城潭

按照地方志记载和民间传说，传奇将军木兰就出生在大城潭。《木兰古传》中记载："木兰将军，黄郡西陵人也。"成书于清康熙年间的小说《忠孝勇烈奇女传》开头记述："木兰姓朱，为湖广黄州府西陵县双龙镇人。"在民间传说中，普遍都说木兰是大城潭的人，曾有相关文物出土。杜有源先生在 20 世纪 80 年代的调查中采访过谌才卓老人，据他回忆：

双龙镇东城门桥头原有石碑一块。石碑高约 1.9 米、宽 1.2 米、厚 8 寸。碑正面有"木兰将军双龙镇人"等字。背面文字记载的是修建东城门桥时，双龙镇朱、谌、胡、陈等姓人捐资的情况……是他在 1946 年冬挖树兜时发现的……石碑裸露地面后，大约没过一年时间，就被人砸碎了，而今连块碎片也找不到。①

▲图 2-13　木兰故里双龙镇石碑（张静摄于 2011 年 10 月）

①杜有源：《双龙镇史话》，见木兰文化研究会编：《木兰文化（一）》，解放军文艺出版社，2008 年，第 76—77 页。

村口稻场西侧靠近东门桥头的位子竖起了一块石碑，上面有王文元[①]题字“木兰故里双龙镇”。

黄陂的民间传说一般开头就会说木兰的来历，说法大体一致，即木兰姓朱，是大城潭或双龙镇的人。可见大城潭这一地点在木兰传说中的重要地位，但可惜的是，在之前的调查搜集和研究中，有关大城潭的论述非常少，仅仅是作为木兰故里简单加以论证或介绍，缺乏传说文本的记载。笔者从调查原始资料中整理出 5 则有关大城潭的传说：

1. 大城潭以前叫双龙镇，非常繁华，四面环水，三座城门，很宏伟。以前是一个商贸中心、码头和市场。

2. 附近的观音寺非常有名，香火曾经很旺，丧吾和尚和尉迟恭曾经到访过，现在已经完全被毁了。

3. 村子的东门桥非常神奇，搞破坏的人会遭到报应，其他人掉下去总是毫发无伤。

4. 这里是双龙戏珠的地形，风水很好。双龙是坐落在村子南北两侧沿河的大寨和小寨，原本是两座长长的土丘，因为上面修有城寨，被称为大寨和小寨。

5. 从前有只黑狗每天爬到墙上叫，叫的时候起很大的雾，后来黑狗子被打死了，雾也没有了，皇帝朱洪武就发现了这里的好风水，怕有人篡夺皇位，派人斩断了龙脉。

大城潭地理位置优越，具备军事、商贸的重要功能，对此村民们有许多生动的回忆。村民们记忆最深刻的是大城潭高大的城墙和辉煌的过去，谌文焱是这样回忆的：

我们这大城潭呢，黄陂说起来是有名的啊！包括河南，都晓得我们这个位置，晓得不？有名的。所以，那个时候就，哪怕是每天起早些，人就挤满了，……我记事的时候哩，边上是城墙，还在，1969 年拆了……运盐啊，运粮食啊……全部由水运……我们这里的东西到哪里去你知道不？还要到我这跟红安搭界的位置，塔耳的也从我们这过。我们这原先是个码头啊，驮货的码头，人相当多！我只听到说，我只最后听到说只要是跟大城潭接了亲，他的屋里就高三

① 王文元(1931 年—　)，湖北黄陂人，九三学社成员，毕业于东北财经学院，教授，曾任教于辽宁大学，曾任辽宁省政协常委、省长、全国政协常委，最高人民检察院副检察长。1998 年至 2003 年任第九届全国政协副主席。

尺！你说那个时候，我这个位置，多好的位置！那时候那个桥，那个桥，底下，都没有积土撒，末了是两边，这一扒了种田。我边上这几吨的船在这桥底下走。那个德国人[①]来说，你们这城墙不弄，你这里，光城墙这个就赚了钱。墙啊，两米宽的墙啊！……那个城墙恐怕有两三米高。一副门，那好的木门，不晓得是哪个搞去了。我们读初中的时候，我们那时候不大撒，两三个人一扇扇地关，把城门一关……估计那个门两米宽，三米高，一扇立门两米宽。高头石头錾的花，也失了。[②]

▲图 2-14　朱家台子下古城墙（张静摄于 2011 年 10 月）

过去这里商铺林立，一派繁荣景象，谌宗华说：

在这里，过去非常热闹，日本人来的时候轮船都

① 村民回忆，曾经有两个德国人受武汉市政府委托来调查，准备进行旅游开发，但是因为城墙古迹都毁了，事情没有下文。

② 谌文焱讲述，张静搜集，2011 年 10 月 13 日，黄陂姚集大城潭谌文焱家中。

▲图 2-15 朱家台子大门石雕（张静摄于 2011 年 10 月）

▲图 2-16 护城河遗址（张静摄于 2014 年 11 月）

能湾[1]，这个河里一来就是百把号船，五湖四海来的，顺着江水，以前非常宽的河面，涨水的时候街道都会淹没，可以坐在楼上洗脚，离地面七八尺。[2]

这里也比较富庶，据村民回忆，街上有几家房子很大，都是做生意的，进去有四五重，很深。

对于学大寨中被彻底毁坏的城池，村民们感觉非常可惜，可是也无可奈何。在民间传说中，毁坏古迹的人似乎总会得到报应。谌文焱讲述了一则这样的传说：

我这老屋那里有一家，把那家伙（石头）錾过去的，他那个屋绝了（后）。为什么呢？……那些老古迹，毁不得！不能毁！我只听到一些老人说，他把个城门上的那扇石头弄到屋里去，做了大门，也做了两边的家伙，对面一剖，再一錾，在那两边竖着，不还竖着，在老屋那里，那个石头不还在？把高头那个花錾掉了。毁了古迹撒，就那扇石头。[3]

▲图 2-17　大门遗址（张静摄于 2011 年 10 月）

① 湾，方言，此处为动词，意即停靠。

② 谌宗华讲述，张静搜集，2011 年 10 月 14 日，黄陂姚集大城潭渡口。

③ 谌文焱讲述，张静搜集，2011 年 10 月 13 日，黄陂姚集大城潭谌文焱家中。

村民们引以为傲的还有村子双龙戏珠的地形，传说这是一块很神的地方，谌宗华说："是糠土地，一发水总淹不了，它涨起来了，糠能够在水面浮着撒……1954 年发大水的时候，全部淹完了，屋都淹了，这上面还能走船。"①黄顺洲也说："那个珠石很神奇，大水淹到这边的街上了，那个珠石都不淹水，那不是木兰在保佑？"②

▲图 2-18 小寨、珠石和滠水河（张静摄于 2011 年 10 月）

但是这个二龙戏珠的地形却招来了灾祸，朱洪武发现了这个地方，怕出人才，下令毁了风水，这就是《黑狗子的传说》，在大城潭及木兰山附近都有流传：

往日是这样说的，晓得不？那一家就喂个狗子，就是河边上的一家，估计朱木兰的，那是在宋朝末，明朝的初期，朱洪武还在南京，坐了位在，刚刚坐位，就发现这里是雾的啊，这里的那个狗子就是天天在那屋上咬③，每天早上去咬，夜里就不咬，就是这说哩，一个亲戚来了，说这个狗子啊，怎么这样搞哩？怕这里不好啊，你家里。这家里不行啊，这样。

① 谌宗华讲述，张静搜集，2011 年 10 月 14 日，黄陂姚集大城潭渡口。

② 黄顺洲讲述，张静搜集，2011 年 10 月 13 日，黄陂姚集大城潭新建村谌章强家中。

③ 这里的"咬"是方言，指狗叫。下同。

哪有狗子上屋去咬哩？一色黑的狗。现在不管哪个狗子，没有百分之百的黑，它是百分之百的黑。后来人们就把这只狗子打死了，狗子被打死以后，观音寺的竹子就炸了，竹人竹马就死了。就是这样的个东西，这是我这往日老人，也谈过这个事情的，晓不晓得？说这个地方要出皇帝，皇帝就来把大城潭的两条龙斩了，两条龙撒。朱洪武跑这里来，说这里要出皇帝撒，就把这个地方斩了撒，后头河的那个卡子，这是他断的，斩了。你往小寨那边去了吗？有东西把它的腰钉住了。①

当时在边上听着的谌文焱插话："它那个高头是，千人挑，万人挑，赶不上钢筋钉它的腰！"

▲图 2-19 小寨山缺口（张静摄于 2014 年 11 月）

观音寺在大城潭东北方大约 1 至 2 里的地方。观音寺是个撮箕地，坐北朝南，南边像椅子的扶手，观音寺有四五重，很多菩萨像，"文革"的时候全部被毁了，以前当地的小学和中学都在那里，地方不够，还把庙拆了一些。底下有个龙潭，以前有条石龙，后来被炸了。"文革"的时候全部被拆除，

① 谌文正讲述，张静搜集，2011 年 10 月 11 日，黄陂姚集大城潭谌文正家中。

这几年一个老板在这进行开发，投资几百万元，种果树，养鸡养鸭。观音寺在黄陂的木兰传说中经常出现，据民间传说，观音寺的醉月长老邀大悟山的丧吾和尚前来说法。木兰年少，女扮男装与丧吾和尚对偈，表现非凡，后被收为弟子。唐初名臣尉迟恭曾到访观音寺，他奉唐太宗命令，赴武昌修建城池，与双龙镇朱天锡、朱天禄兄弟及大悟山丧吾和尚，观音寺醉月长老，木兰山铁冠道人等几位地方贤良相识，参拜观音寺。这些在民间传说和小说中都有讲述，但当地村民也讲述了一些不见于书面的传说：

观音寺以前养了一匹马，马瘦毛长。后来了两个道人，说要买，和尚答应了。道人把马放到河里洗，越洗越亮。和尚看了，连忙说不卖了，不卖了，道人骑上马就跑了。

拆观音寺也犯了几个人[①]。有一个，卖了个铜镜，本来鼻子上只是长了个火嘴子[②]，钱都花光了也没有

▲图 2-20　东门桥遗址（张静摄于 2014 年 11 月）

①犯了几个人，方言，指使几个人遭到报应，冒犯，伤害等。

②火嘴子，方言，指小结痂。

治好，一直没有好，后来死了。说是迷信啊，也还是有道理，有点神。①

东门桥仍是通往村外的要道，连接着通往姚集镇的乡村公路，原桥已毁，桥基尚存。

这座桥在村民的记忆中精美壮观。他们严肃而认真地回忆着，毁桥的人如何遭到报应，普通村民如何在车祸中安然无恙。

折石桥的时候，就那个东门桥，重新修的时候，有个人挪动了一块老石头，后来被犯死了。其他人掉下去，一点事没有，手是手，脚是脚。小伢掉下去还能站着。②

这个桥，不管么人掉下去都没事，一次夫妻俩掉下去，人是人，车是车，都没事。一个小伢，走呀走，那个手帕盖在脸上，掉下去了，人站着，腿一点没事；还有一个人开巴士，刚学会开不久，载一车子人，开到桥头刹住了，没掉下去，一点事没有。有个石匠，看到桥旧了，怕垮，不安全，桥下有几个大石礅子，他蛮精壮一个人，去把石礅子一弄，把上面的龙蔽了，结果一只眼睛失了。这是个神桥！③

在讲述过程中，村民对大城潭的相关传说更加关注，了解得也更多，讲述得更为流畅和完整，但似乎与木兰之间的关系并不十分紧密。不过大城潭奇异的风水和城镇的环境，为木兰提供了独特的生长环境。木兰不是一个普通的农家女，而是出生于官宦之家，具有习文练武的条件。

## 木兰的传说

大城潭有关木兰的传说基本沿着木兰人生的轨迹展开讲述，以大城潭为生活的中心，其出生为传说的重心，大体看来，这一部分的传说都比较简短：

1. 木兰姓朱，是这里的姑娘，就出生在河边湾的朱家台子。她的父亲朱天禄以前是朝中的将军或者官员。

① 朱卫华讲述，张静搜集，2011年10月5日，黄陂姚集大城潭朱卫华家中。

② 朱卫华讲述，张静搜集，2011年10月5日，黄陂姚集大城潭朱卫华家中。

③ 朱延芝讲述，张静搜集，2011年10月13日，黄陂姚集大城潭谌文焱、朱延芝家中。

2. 她曾经跟着木兰山的铁冠道人习武。

3. 她跟着丧吾和尚在观音寺学习文韬武略。

4. 她在村子北面习武，在南边的山冈上骑马。

5. 她代替年老或生病的父亲从军。

6. 她叫花木兰是因为花代表女性，或者她有个随从姓花，两人搞混了。

7. 得胜回朝后，皇帝要把公主嫁给她或者丞相要把女儿嫁给她，她婉拒了，回乡侍奉父母。

8. 她被诬陷欺君、谋反或者失贞怀孕，在河边剖腹以证清白。血水流了一里，所以有个湾子叫一里河。

9. 她被葬在木兰山脚下的将军坟，将军庙是纪念她的。

不同于黄陂其他地区尊称木兰为“木兰将军”，这里的村民连名带姓称呼木兰，即“朱木兰”，也有少数人尊称其为“木兰将军”。在他们的讲述中特别强调木兰生于此处，说法大同小异。谌文正说：“木兰姓朱，河边有个亭子，河边湾，县志记载还有房子……朱木兰是在滠水河边出生的，隋末唐初，

▲图 2-21　朱家台子全景（张静摄于 2014 年 11 月）

根据历史记载……是河边朱家的姑娘……小的时候听说，木兰姓朱，父亲是个将军，好像叫朱天禄。”①

他们也知道外地人都说“花木兰”而非“朱木兰”，对此，他们有自己的解释。谌文焱等人认为女性为花，花代表女性，就成了花木兰。谌章强则认为她的随从姓花，她姓朱，两个人搞混了。

在传说中，木兰聪明机灵，从小就与众不同，最为著名的一则传说是《观音寺中一神童》。这则传说在大城潭、将军庙和木兰山都有流传，在小说《忠孝勇烈奇女传》中也有专门的一回。大城潭的村民对这一传说的记忆不深，只是提到而已，下面的传说来自王汉青的《神奇的木兰山》。

古时候，双龙镇有个观音寺，寺中住着醉月和尚。那年梨花飘落的时候，醉月和尚四处张贴告示，要在四月八日这个佛祖寿诞之期，请大悟山的丧吾和尚来寺讲经说法，上午给男的讲经，下午给女的说法，恭迎大家前来听讲。

人们早就听说丧吾和尚通经达义，很不简单。到了四月八日这天上午，各路香客把经堂挤得满满的。为了显得重视，醉月和尚还特地接来了附近的七位贤士，其中就有木兰的祖父朱若虚。

讲经还没开始，人群里就挤出一个不过十岁的小学生，他头戴青巾，身穿蓝布衣。这小学生望着讲经堂上方的禅座，觉得怪新鲜的，跑上去看了看，摸了摸，就大模大样地坐下来，闹得香客们一阵大笑。直到和尚开赶，这小学生才又回到人群中。

一会儿，经堂钟鼓齐鸣，笙箫叠奏，香风扑鼻。丧吾和尚坐在上方的禅座上，头戴五佛冠，身披红袈裟，脚踏云鞋。等金鼓和笙箫声停后，他高声吟道：

有未色皆幻，无为性即真，
三心难成道，一心见当人。

经堂里的大小和尚和听众，都静静地听着，没人应声，丧吾和尚又吟道：

未生我兮谁为主，既生我兮主我谁？
大道不明空费力，水中明月自修持。

丧吾和尚吟罢，又没谁应经。这时，刚才跑到禅座上去的那个小学生，从听众中钻出来，大大方方地走到禅座的下面，对着丧吾和尚答道：

未生我兮天为主，既生我兮心为主。
大道若明不费力，水中明月好精神。

丧吾和尚见这个小学生答对如流，心里很欢喜。他接着高声吟道：

水中明月好精神，风送波摇万点星，
不尽浮云蔽月色，清池里面影沉沉。

小学生听了，不慌不忙，顺口答道：

心明朗月连天静，性仍寒潭止水同，
十二时中常觉照，休教昧了主人公。

丧吾和尚又吟道：

六根清净方得妙，万法皆空乃见真，
太虚本体无诸相，一性圆月是主人。

小学生又答道：

道包天地乾坤小，性受太虚法界宽，
我即是佛佛即我，真空妙有一灵圆。

① 谌文正讲述，张静搜集，2011年10月5日，黄陂姚集大城潭谌文正家中。

袁吾和尚听了，连声称赞。接着又吟道：

元神真又真，空寂见无生，

返我真面目，净土好安身。

小学生听了这段吟词，知道袁吾和尚“返我真面目”的意思，心里可着慌了：我是个女子呀，要是说出自个儿的实底，不就露了机关吗？小学生抬头一看，袁吾和尚很谦虚地下了禅座，朝小学生这边走来。没料，小学生撒腿就往外跑，一下子跑得不见了。

这下子可真神了！经堂里的听众七言八语，叽叽喳喳。都说袁吾和尚不愧是修行多年的名僧，感动得天神下降，使得观音寺中出现了神童。

坐在经堂里的木兰的祖父朱若虚，心里暗暗好笑。只有他才晓得，刚才与袁吾和尚应经的，哪是什么神童，也不是什么小学生，分明是自己的小孙女木兰。

原来小木兰听大人们说袁吾和尚要来观音寺讲经说法，上午是男的听经，下午是女的听法。她就决心上午、下午都去听。自己是个小女伢，别人怎么能让去听经呢？她灵机一动，就私下跑到伯母的房中，把堂兄克念的头巾和蓝布衣起穿上，就俨然成了一个小相公，混进男听众里面来听经。

小木兰从经堂跑出来以后，来到观音寺后面竹林子里，悄悄地取下了头巾和蓝布衣，重返了她小女伢的模样。到吃午饭时，她和一班女伢一起回到家里。

事隔不久，木兰的祖父朱若虚，请袁吾和尚与醉月和尚来家作客。朱若虚与两个和尚正谈得火热，木兰端着茶壶来给他们添茶，袁吾和尚见了，吓得一跳，手上的茶杯也摔得稀巴烂。

朱若虚忙问道：“您怎么啦？”

袁吾和尚支支吾吾，半晌说不出话来。等木兰走开了，他这才嘘了口气，两掌合在胸前念阿弥陀佛。低声说道：“观音寺的神童又到这里来了。”

朱若虚欣然大笑：“我这里哪有什么神童？”他把木兰叫到跟前，对袁吾和尚说：“您说的就是她吧？她是我的小孙女木兰。”接着，朱若虚把木兰那天如何女扮男装，到经堂听经的经过全都讲了。两个和尚简直不敢相信自己的耳朵。袁吾和尚惊讶地说：“真是一个天生的奇女。这女伢将来一定能给你朱家耀祖扬宗。”

从那时起，袁吾和尚愿收木兰为徒。他也就成了木兰的第二个师傅了。[①]

有关木兰的从军经历，村民往往一句带过，只是说男扮女装，替父从军，最后做了将军。对木兰之死，一开始村民都是讳若莫深，许多人不清楚木兰之死，谌文正老人一开始说不清楚，谌章强也不愿意说。谌文正、谌章强都说木兰是因为被人说了拐话[②]，为了证明清白，迫不得已剖腹自尽的，而李先耀则说是因为被奸臣诬陷。

在调查访谈的对象中，谌文正老人无疑是最具代表性的一位，他是村

① 王汉清编著：《神奇的木兰山》，广西人民出版社，1985年，第37—40页。

② 拐话，方言，指坏话，污蔑、诬陷的话，此处指木兰不正经、失贞。

里公认的木兰文化专家，自20世纪80年代起，他多次为到访的官员、学者、媒体、木兰文化爱好者讲述大城潭的历史与木兰传说。在大城潭的田野调查过程中，他真诚而热情地为我提供了很多帮助。在他看来，木兰山的名字也是为了纪念朱木兰的，木兰山的主要信仰也是木兰，虽然如此，他还是认为木兰是个人，为了纪念她才在庙里供着。之所以要记着她，是因为：一、她代父从军，一般女的做不到；二、十二年保持贞洁、忠烈；三、为国家尽忠，为老人尽孝。文正后来谈到了木兰的死，说她在河边湾潭埠那儿开膛破肚，血水流到现在叫一里河的地方。考察他的讲述，有关大城潭的较多，也较为完整，在他看来这些是历史，他对木兰自尽血水倒流的说法不以为然，认为不可能有这样的事情。这也许是他对木兰之死的传说不愿多说的原因之一。

▲图2-22　谌文正（张静摄于2011年10月）

一直以来，大城潭都是被当做木兰故里，政府、学界和媒体着重强调其历史部分而忽略了木兰的传说，在讲述中，文正已经习惯了这种模式，他承认没人问过有关二龙戏珠、龙脉被斩、黑狗子和观音寺的竹人竹马的传说，所以他首先按照习惯讲了大城潭和有关木兰的简要历史，在后来的访谈中经过我的引导，他才讲述了一些传说。这在我的访谈中是一种较为普遍的现象，讲述者对讲述内容是有选择性的，特别是一些讲述人较为明确地区分历史和传说，他们认为历史是真实的、有凭据的，可以讲，而传说无凭无据，只是老一辈传下来的，不可信，往往不愿意多说。虽然其中一些有关大城潭的历史情节极具神秘色彩，但是大城潭是具体而明确的，城墙和护城河深深地刻画在他们的脑海中，所以他们有讲述的动力。虽然他们认为木兰是真实的，但是没有什么证据，而且木兰故里的称号被河南夺走了，讲起来没有底气，所以讲述的热情降低了。

在谌文正的讲述中，木兰的传说往往比较简略，我虽多次问及，他都没有想起更多。在其他的讲述者中，谌章强讲述的木兰传说较为完整，特别是有关木兰之死的内容，他讲得声情并茂：

么样死的？木兰，要谈到她的死，那怕也不是那样传，怕有点历史的。这我听到说过的。后来就从军之后，往日就说女的不出去，是不？往日的女人，就说在屋里包小脚，听老人说过的。姑娘伢就不准出门。现在说当兵，往日叫从军，回来之后哩，就蛮那个，按现在的话，往日蛮封建，她当兵回来，当地可能就有人说，这一个姑娘，出去当兵，肯定有不好的事情，就说这啊那啊。这有个传说的，我听到我的婆婆谈过这个事情的……有人就说她肚子里怀有伢回来，她没有整，为了证明自己清白末了就说她开膛破肚，她说，她自己把肚子剖开。这是个传说，证实她的话。在哪儿，河里哪里，血流一里，一里河。为么斯[①]说这里有个一里河哩？这样来的，这是听她们说的。[②]

① 为么斯，方言，即为什么。

② 谌章强讲述，张静搜集，2011年10月13日，黄陂姚集大城潭新建村谌章强家中。

▲图 2-23　滠水河边传说木兰自尽处（张静摄于 2011 年 10 月）

在讲述中，谌章强和在一旁听的妻子张小梅、邻居李闰之对木兰的悲剧充满了同情。在他的讲述中，特别强调了裹小脚这样的情节以及古代女子不能出门，而且说明这些是听他的婆婆（奶奶）讲的，对木兰女性身份的着重强调也许是女性讲述的特点之一。

这里有关木兰之死的传说也提到了附近的地名，与木兰山、将军庙一带的文本类似。胡生富的讲述融合了大城潭和这两地的文本：

我这底下是属于长岭公社，有个剖腹台，那个人跟我这样讲，他是这样说，跟大悟和尚的儿子，两个人在一起玩，有人说这个朱木兰有身孕，他说么斯是在哪里开刀，那里叫个剖腹台，长岭那里，在那里开的刀。木兰开刀就这样死了，有个一里河，她的血放了一里，那个湾子，也是属于长岭的，叫一里河，一里河就说这么一回事。[1]

①胡生富讲述，张静搜集，2011 年 10 月 13 日，黄陂姚集大城潭新建村胡生富家中。

▲图 2-24 郑先文（张静摄于 2011 年 10 月）

谌文正强烈推荐的郑先文是唯一一位认真读过有关木兰的老书的讲述者。根据谌文正、朱卫华和邻村的郑先文的说法，这里以前也有关于木兰的老书，在"文革"期间全部都烧了，除了郑先文，其他人都没有读过，也不记得内容，他们所知道的都是听来的，即来自口头传说。

说花木兰，她是替父从军，有这样个人，是个去从军，是玩的，带的个女的，花木兰是属于河南的，那是规规矩矩的。这个朱木兰，我只记得点把[1]。她就是这河边上的人，她的老子叫朱天禄哦，她的娘姓杨，她的老子是那千户侯撒，那时候说要发生战争撒，要抽人。等于说干部要带头，她的老子回去就急不过，他的个伢，他有个儿，蛮小，就不能够代撒。她大了，她老子开会回来，就问他，问么样个事。他就说么样么样个事，要从军。她，木兰，就是个孝女撒。她说"你到了这个年纪，是么能去？"他说："我不去，那没有人。"木兰想替父从军，她的老子不同意她去，她就到屋里化装撒，女扮男装撒，再出来，见她老子，老子不认得她。（木兰）是这样去从军的。

后来那就，后来么样，她在外头搞了十一年啊，搞了十一年回来。就说她有武艺，练武艺，在人才[2]方面啊，皇帝要招她的驸马撒。（结果发现她）原先隐瞒了身份，这是欺君，她末了告假回乡。尉迟恭[3]还在这观音寺来歇啊，接她，接了几遍啊！先隐瞒在了撒，欺君撒。末了尉迟恭来了两次，后来又来了一次，那个人叫么家伙啊？尉迟恭那

① 点把，方言，指一点点。

② 人才，方言，指长相、外形。

③ 尉迟恭（585 年—658 年），唐朝名将，官至右武侯大将军，封鄂国公。

时候来，有个谌于飞，大城潭的谌于飞接见了（他）的。有这个人，你可能看了这本书的。谌于飞，去接见尉迟恭。结果来（请）了几遍，她不去，就写个陈词表撒。陈词表就表明，把她的内心都说了。那时候，她就自杀了撒。自杀，她的心拿到河里去，那个一里河，她的血，放了一里[①]，就叫一里河！就是底下，赵家畈那。她那个心是赤心，红颜色，那个血水放了一里路！就说是赤心，这就是叫得个一里，一里河。末了，武则天当了皇帝，还赞扬她了的。[②]

相比较而言，郑先文的讲述逻辑清楚，连贯性强，包含很多细节，这与单纯来自口头的零碎、简单的讲述有很大不同。

## 一里河与木兰传说

一里河是大城潭下游十多里处的一个小村落，也是黄陂木兰传说中经常出现的地名。在传说中，木兰在滠水河边剖腹以证清白，在大城潭村民的讲述中，没有特别强调木兰自杀的地点，只是说在河边，可能就在村子靠河边的地方，在木兰山和将军庙一带的传说中，则说在靠近长岭镇的仙合店附近自杀。大城潭在一里河上游十多里处，仙合店则在一里河下游三四里处。无论木兰在何处自尽，她的血都顺着河水流到了一里河这个地方，这也是一里河地名的由来。

在大城潭调查期间，我多次表达了想去一里河的愿望，村民都说去比较麻烦，没有车。我的房东谌文焱为人热情，随着调查的开展，他对我的工作给予了越来越多的关注和帮助，在调查临近结束的时候，他主动提出骑摩托车送我过去。谌文焱说他对那里非常熟悉，经常早上开车过去卖肉，也有很多熟人在村子里，他会直接带我去见一位老人。大城潭通往一里河的路虽然是水泥路，可是蜿蜒曲折，路面较窄，并不适合汽车通行，一般都是骑摩托车。这里远离城镇，人迹罕至，途中没有遇到一个人、一辆车。如果要开车过去，必须从长岭镇那边过来，

① 放了一里，方言，流了一里。
② 郑先文讲述，张静搜集，2011年10月15日，黄陂姚集大城潭谌文焱家中。

一般人也不会绕远从大城潭走。一里河村地处偏僻，村民大部分已经离开，只剩下四五户人家。我们直接到了李先耀老人家中，他的妻子谌文芬是谌文焱的叔伯姐姐，他们之间非常熟悉。李先耀家有过世的老人过头七[①]，家中来了好几位亲戚，他开玩笑说，如果不是赶上日子，家中难得这么热闹。

李先耀老人非常热情健谈，讲了很多有趣的传说和典故。他首先讲述了这个地方的由来：

这里传说以前是北海，挖地的时候，先是土，然后是沙，再挖下面是蛮大的鹅卵石，传说是海，是秦始皇赶山赶到这来的。这是一段历史，那边，有东厂畈、西厂畈，传说是张巡抚，张涛在那里待过。那里没有社庙，贵人待过的，我们这里都有社庙。我们这个一里河，是说以前有七个乞丐，那不是一般的要饭的，有点神，他们在上面的港[②]里洗，不知道是洗什么，血水流到这里来了一里路，就叫一里河。[③]

▲图 2-25　一里河（张静摄于 2010 年 5 月）

① 头七，指人去世后的第一个第七天。

② 港，方言，指小河、溪流。

③ 李先耀讲述，张静搜集，2011 年 10 月 14 日，黄陂姚集一里河李先耀家中。

这是一里河传说的另一个文本，不同于木兰传说。两则文本的相似之处是，血水顺流而下一里路，所以命名为一里河。这则传说的主人公变成了七个乞丐。之前在大城潭，谌宗华说起一里河的来历的时候，没有提到木兰，而是说因为杀了人或打死了人，血流了一里路，所以叫一里河。可见，一里河传说的核心情节是血水流了一里，其他情节则有变化。

有关一里河这个地名，也有其他的传说和解释，比如在长岭镇开电气修理店的王绍赤，自认为是当地的知识分子，他说“一里河”原为易李河：

一里河，一里河，你听到说它的故事没？其实那个一里，那个湾里我去调查了的，晓得不？它有姓易的，另外还有姓李的，姓易姓李的待那里住了在，它叫一里河……“文化大革命”之前，我就问了湾里的人撒，我就问其他的人撒，我说：“这湾里说，很早很早以前，姓么斯的？”他说这湾里很早很早以前是姓易的，姓易的人最后的话慢慢就少了，少了就叫么易家佬，那个湾子啊，有姓易的，有姓李的，在河边。就是说，跟那个木兰将军冇得关系。那个，那个倒流就不可能撒，从唯物主义（来）看的话，哪个河可以倒流呢？是不是的？这个故事只是把她神化了。[1]

还有一种说法认为一里河原为驿旅河，在小说《忠孝勇烈奇女传》中情节类似的地方，出现的是驿旅河而不是一里河。第三十二回《木兰三上陈情表，太宗建庙旌贤良》中记载：

（太宗）忽一夜梦一大鹦鹉，自天而下，日月对照。鹦鹉集于李树上，将李树花叶尽行披落。太宗昭许敬宗，以梦告知。敬宗曰：“鹦鹉自天而下，又日月对照，披落李树花，将来乱唐室天下，定是武昭公主木兰也。”……昌宗受了密旨，竟往湖广西陵而来……（木兰）解衣露胸，手执宝剑，将胸骨剖开，用手扯出心来，叫声：“张昌宗，看我赤心如日，岂肯行叛

① 王绍赤讲述，张静搜集，2010年6月5日，黄陂长岭横街王绍赤家中。

义之事?”吓得张昌宗叩头不止。须臾鲜血迸尽,木兰气绝。……(铁冠)执剑将木兰之心割下来,盛入盒内,令张昌宗怀之进京。昌宗率众人鼠窜而逃。花阿珍见木兰既死,拊尸恸哭欲绝。回入房中,自缢而亡。铁冠道人同谌于飞葬木兰、阿珍于木兰山麓。二人就木兰山左,白云洞内炼性不出,不知所为。……张昌宗行至六七里,到了驿旅河。将盒儿打开,取心向水中漂洗。心中之血,滴出如丝,顺水流百余丈不断(今木兰山有洗血河,山右有木兰潭)。张昌宗每日早晚对盒焚香再拜,方上马而行。到了长安,捧表献盒于天子。将木兰之事,细细奏明。太宗闻奏,发立汗下……看武昭公主所奏,言言天理,字字良心,真性相感,潸然泪下,哀痛不已。再将盒儿揭开,金光射目,一颗舍利子,赤若丹砂,光似明珠。即命杜如晦、王珪持原盒赍回西陵合葬,谥武昭公主为贞德公主,题其坊曰:“忠孝勇烈。”又命崇其墓,须高百尺,周五百步。又诏地方官春秋隆以祭奠,封其弟金兰袭受侯爵。后来武则天在位,录封太宗所杀伍氏之后,差人掘李淳风之墓,不见其尸。荣封木兰朱氏之后,又赐号昭烈后,又赐金书。对联云:

人夸烈女心如石,我爱将军勇过男。

后来公主在木兰山屡屡显圣,不可具述,至今香火不绝。①

李先耀说自己的父亲以前很爱讲一些历史和典故,自己爱听,但是没有在意,所以很多都记不清了。李先耀对自己家族的历史也略知一二,为什么他们要住河边上,是这样一则传说:“两个老爹爹从江西过籍过来,冻玉爹爹和游玉爹爹,选了一里河,说住河边上,如果住得不好,可以坐船直接走,回江西去。一里河这个村子全部都姓李,江西过籍过来的。”②

我简单复述王绍赤讲的易李河的文本,他们都否认,说根本没听说过,这里没有杂姓。李先耀讲述的木兰传说不再以大城潭为中心,明显综合了大城潭和将军庙两地的传说。他讲述:

木兰将军回来后,到木兰山,不有个将军殿在?在那里登位。朝廷有忠臣有奸臣,有奸臣就诬陷她,她为了表明忠心,就在那个仙合店剖腹,把心剖了拿出来洗,血水流到这里。那里还有将军庙,将军坟。③

他的侄子李春生讲述的文本则不同于叔叔。李先耀的文本中,木兰是为了向朝廷表明忠心而自尽,而李春生的讲述则说木兰是为了证明贞洁,并包含了中国民间故事和传说中常见的姑嫂打赌的情节:

① [清]佚名著,林邦均、瞿幼宁点校:《忠孝勇烈木兰传》,北京师范大学出版社,1992年,第182—186页。
② 李先耀讲述,张静搜集,2011年10月14日,黄陂姚集一里河李先耀家中。
③ 李先耀讲述,张静搜集,2011年10月14日,黄陂姚集一里河李先耀家中。

说她为么姓花哩？这跟那个木兰花有关系。以前一个算命的老先生到这里来，他说，朱木兰，是大城潭朱家的人，代父从军，出去打仗。她的嫂子就说，一个女的，出去打仗几不好。木兰种了一盆木兰花，并说，“如果我规矩，这盆花的花就在，如果不规矩，花就没了”。她们关系不么好，嫂子就在里面搞鬼，木兰一走，她就拿那个烫的㴽水倒，哪个花禁得起这个烫水哩，就死了。后来木兰当了将军，回来了，嫂子就吓不过。反正也不晓得她是么样蒙混过去的。朱木兰回来一看，自家的花没了，为了证明清白，就把心掏出来把别个看。血流到我们这里，一里路，所以叫一里河。①

## 小　　结

大城潭作为木兰出生地，在民间传说和官方文本中都得到了确认和强调。大城潭地处乡村，山清水秀，过去是一个地理位置优越、交通便利的商贸中心，同时也是黄陂北部重要的宗教和文化中心。双龙戏珠的地形及其传说为大城潭涂抹了一层神秘和悲壮的色彩。如此灵秀之地，才孕育出木兰这样的奇女子。在大城潭的传说中，木兰被描述为一个普通女子，但是她却取得了男子都无法企及的成就，为国为家而替父从军，由一个普通士兵升为将军。村民们说起木兰，都倍感骄傲与自豪。大城潭的讲述者们一般认为木兰是实际的历史人物，而且肯定她是在河边出生的，将其视为一个平凡的邻家姑娘，但是她又做出了不平凡的事迹，谌章强的总结非常到位：

为么斯说木兰这个人，从现代到古代的话，往日没有一个女的说从军，就是说么意思呢，往日的姑娘伢都不允许出门，哪个敢出去？都是包小脚，在我的婆婆那一代就是小脚。都是小脚，还说出去？往日都很封建，姑娘还准出门？不准出门。现在为么斯提到木兰，就说她是一个女的，有这样个眼界，么习武啊，再代父从军啊，不容易，说的是这。再就是，从一个当兵的，到将军，蛮不容易，（而且还是）一个女的。出去几多年，别个跟她一起的还不晓得她是一个女的。这证明她这个人，按现在的话说，就不是么那个。往日一个女的跟男的一起当兵，几多年，你还不晓得她是个女的，说去说来，估计的话，就是说她蛮那个。唉，规矩。现在提到一个女的，古代跟现在的社会不一样，就说不容易。②

① 李春生讲述，张静搜集，2011 年 10 月 14 日，黄陂姚集一里河李先耀家中。

② 谌章强讲述，张静搜集，2011 年 10 月 13 日，黄陂姚集大城潭新建村谌章强家中。

# 第三章 将军庙与木兰传说

将军庙是专门祭祀木兰的庙宇，位于木兰山北山脚下，在尹家冲、肖家田和杨家田的中间，曾为木兰山进香北线的起点。同时将军庙也是一个地名，即将军庙周边地区，现有将军庙村，属木兰乡。将军庙紧挨着将军坟，前者偏西南，后者偏东北，一肩之隔。据传说，木兰将军就埋葬在将军坟，在旁边修建将军庙是为了供奉纪念她。

将军庙和将军坟坐落在一处山冈上，当地人认为这是一块风水宝地，因形似凤凰而得名“凤凰地”。陈克念老人年纪老迈，行动不甚方便，却硬拉着我爬上将军坟为我讲演此处的风水：站在将军坟这边，朝东南方向望去，远处高高的山是女子山，女子山前有三座小山，像供奉将军的三个茶盅，前面的棺材山稍高一点，山上树木丛生，像一对蜡台，女子山前有个缺口，是个香炉，这是一个很好的地形。将军坟形似大土丘，高约 7 米，直径约 30 米，上面郁郁葱葱。若不是当地人指点和墓碑的提示，很难想象这是一座坟墓。

坟墓保存基本完好，南边对着木兰山的方向立着两座碑，一座是木兰湖管委会 1999 年所立，汉白

▲图 3–1　将军庙远眺木兰山（张静摄于 2014 年 11 月）

玉制，高约 3 米，底座约五六平方米；另外一座是青石碑，颇具年头，形似普通的墓碑，上面的字迹早已斑驳不可辨。据村民回忆，这坐青石碑原本安放在墓的北面朝大城潭的方向，1966 年“四清运动”的时候将军庙遭劫，墓碑散佚民间，被村民挪走做了水井，20 世纪 90 年代才挖出来，被安放在了现在的位子。数位村民都说这个土丘是假的，是个气包，会自己长，真的坟墓就在附近，把假坟修得很高大，而真坟隐藏在附近的低洼处是为了保护真坟，为了保密。

将军庙在 1966 年被当地民兵全部损毁，塑像被推倒，建筑被损坏，连青条石都被搬走，用于修盖猪圈和房子。1999 年开始重修将军庙的时候，又进一步拆除了遗迹，现在已经完全找不到原来的痕迹。村民们说，原先的将军庙只留下一公一母两棵白果树和一对石狮子，白果树是将军庙修的时候栽的，石狮子是张巡抚①那时候留下的。

▲图 3–2　将军坟（张静摄于 2014 年 11 月）

①张涛(1554 年—1618 年)，生于黄陂，今黄陂区长轩岭镇南洲田村张家祠堂湾，民间称张家大厂，曾经有张家修建的大庄园，离将军庙非常近。张涛曾任都察院右御史、辽东巡抚，富甲一方。

▲图 3-3　将军坟古墓碑（张静摄于 2014 年 11 月）

▲图 3-4　将军坟新墓碑（张静摄于 2010 年 3 月）

两棵白果树仍在门前的空地上，公的那株靠南，顶端冒着绿叶，地方政府悬挂了古树保护的牌子；母的那株靠北，早已枯死，却顽强屹立。那对石狮子被扔在稻场上，几年前的某天夜晚被人偷走，村民们报警并四处寻找无果，毫无办法，这一事件也融入他们的讲述过程中。

原先的将军庙面积更大，更加雄伟，据杜有源先生的介绍："原木兰将军庙坐东朝西，占地面积 1300 平方米，其建筑面积近 800 平方米，庙貌滴水线石墙，斗拱飞檐，庙内多雕刻，庙前画檐廊。将军庙在五代、宋元明清各朝屡兴屡废，清嘉庆后又重修，建有大殿三座、庙房十八间。"庙有三重大殿，第一重大殿前有十二步青石台阶，寓意木兰从军十二载，台阶尽头殿前有石狮子一对，后为丹樨，木兰将军神像端坐于大殿正中，高约 3.3 米，"着铠甲持剑戴护心镜"，左右有木兰生平塑像。第二重大殿前有白马一对，殿内供奉观音等神像。第二重和第三重大殿间右侧有十曹。第三重为膳堂和僧尼寮房[①]。

▲图 3–5 白果树（张静摄于 2010 年 4 月）

①杜有源:《凤凰地上的将军墓将军庙》,见木兰文化研究会会编:《木兰文化(一)》,解放军文艺出版社,2008 年,第 102—106 页。

现在所见的将军庙是2002年修建的，门口一对石狮子，楼梯上去之后是大院子，占地四五百平方米，只有一重大殿，主位为木兰将军戎装坐像，背后有女装坐像，塑像为木胎，还未上漆。因为种种原因，将军庙一直以来也未投入使用。

▲图3-6　将军坟全景（张静摄于2014年11月）

▲图3-7　将军庙全景（张静摄于2010年4月）

将军庙原先为一个小小的集镇，有大路从门前过，现在修建了连接长岭、木兰山和木兰湖的长塔公路，原先的土路慢慢无人使用。原先进香上山的道路因为直达木兰山古庙区公路的修建而被逐渐废弃，杂草丛生。据附近村民回忆，在 20 世纪六七十年代，这里有一个供销合作社，还有个小市场，卖菜卖肉、卖早点等，一直到持续到 20 世纪 90 年代，较为繁华。

▲图 3-8　将军庙公交站（张静摄于 2010 年 4 月）

▲图 3-9　将军庙旁古树和废弃的房屋（张静摄于 2010 年 3 月）

将军庙是附近众多村落的家庙，曾经有个私塾，许多老人都在这里读过书，来来往往对这里非常熟悉。将军庙小学坐落于庙西北方向两百米处，但是由于人口流失，学生数量锐减而被迫停办，与其他小学合并。

将军庙也是地方宗教的中心之一，原先供奉木兰将军，其祭祀活动由来已久，清同治年间的《黄陂县志·木兰志》载有康熙乙丑年（1685年）传胪官侍讲张希良的《孝烈将军传》，他写道："予所居之西五十里有木兰山，云山为陂邑北乡，高千仞，诸峰罗列，山有将军祠，下有墓，明初盗尝窃发其墓，风雷卫止。"[①]另有王霁在其《木兰将军传》中记载"今兰麓遗冢犹存，国初闻盗窃发风雷卫止，冢旁有祠，乡人岁秩祀以志不忘。"[②]宜兴人陈天策在其《游木兰山记》中也说"今古墓俨然，山麓里人岁操壶酒豚蹄以奠其为。"[③]这种祭祀至少在明清时期就已经存在，持续至今，在当地影响广泛。

▲图3-10　将军庙全景（张静摄于2010年11月）

①张希良：《孝烈将军传》，见[清]刘昌绪修，徐赢编纂：《黄陂县志》卷七下，同治十年（1871年），第149页。

②王霁：《木兰将军传》，见[清]刘昌绪修，徐赢编纂：《黄陂县志》卷七下，同治十年（1871年），第150页。

③陈天策：《游木兰山记》，见[清]刘昌绪修，徐赢编纂：《黄陂县志》卷七下，同治十年（1871年），第150—151页。

将军庙原有尼姑驻庙，20 世纪 60 年代“破四旧”的时候被迫离开，自此荒废了。据村民回忆，将军庙以前由两位尼姑守庙，一个姓彭，一个姓游，都是当地人。周围有几处田产和菜地归庙上所有，加上村民和香客们的供奉维持生活，她们不需要出去化缘，生活自给自足。到了香会的时候，很多人到庙里帮忙做饭和招待香客。将军庙是木兰山进香路线北线的起点，从北面如孝感等地过来的香众首先要到将军庙，由这里上山，再按照从南面下山的顺序从高到低逐一到每一座庙宇进香。罗登凤回忆说，这里本来名气很大，来烧香的人很多，红安、新洲的香客都要到这，她的家家爹爹①就是一生在木兰山负责招待、做饭，父亲甚至走到红安七里坪去接香客和头人来吃饭，敬菩萨，接下来是八月开山门，“亮子会，不晓得几热闹……有小家业②，还放鞭炮，特别是红安高头下来的人，在将军庙，对着木兰山磕头，再到木兰山脚下又磕头，一直磕到山上。”③2002 年新的庙宇修建起来，关于庙宇的归属和管理问题一直没有解决，所以现在仍然无人看守，但庙内比较干净，有些村民经常义务清扫，也有烧香的痕迹。

将军庙一带在过年期间尤其热闹，因为这里是附近几个村庄的社庙，在元宵节玩灯的队伍仍首先到这里举行一系列仪式。按照规矩，正月十五日凌晨，玩灯的队伍必须首先要到将军坟祭拜，点香插蜡，焚烧黄表纸，还要冒着危险爬上坟墓顶端。接着要到将军庙祭拜，然后在庙门前的空地上开展舞龙灯、玩狮子、踩高跷、划彩船、跳竹马等一系列活动，龙灯飞舞、狮子欢腾，采莲船和河蚌精等诙谐有趣，热闹非常，可吸引附近数万人围观，既有附近的村民，也有远处慕名而来的乡邻，还有卖小吃和各式玩具的小生意人。据传：“明万历年间的一个新春，众道人齐聚木兰山‘第一天峰’的玉皇阁，观山下将军庙一带祭祀木兰的活动。道长玉清感慨曰：‘热闹热闹真热闹，木兰山快比不了将军庙。’”④杜有源在其文章中记录了一段祭木兰将军的龙灯彩词：“木兰庙内朱将军，忠孝勇烈人人敬，

①家家爹爹，方言，指外公外婆。

②家业，方言，此处指锣鼓班子。

③罗登凤讲述，张静搜集，2010 年 4 月 16 日，黄陂将军庙村罗登凤家门口。

④杜有源：《凤凰地上的将军墓将军庙》，见木兰文化研究会编：《木兰文化(一)》，解放军文艺出版社，2008 年，第 105—106 页。

替父从军为国家，女扮男装胜男人。孝敬父母辞官场，不慕利禄好心肠，驰骋沙场斩凶顽，威震北番美名扬。洁身自好保贞节，儒家教义记得切，女神心灵多明亮，胜过十五中秋月。”[①]在玩狮子、采莲船等的活动中也有歌颂木兰的彩词，《木兰传说》申报国家级非遗的申报书中记载了一段《贺木兰女神》的狮子舞词：

鞭炮锣鼓闹腾腾，特来拜贺木兰神。
木兰女神最忠孝，为国为家后人敬。
今来朝拜木兰神，庙内神钟响三声。
一愿将军保国昌，二愿百姓享太平，
三愿风调雨也顺，年年岁岁有余盈。
木兰保佑众黎民，黎民世代敬女神。
敬拜女神得保佑，黎民欢笑庆生平。[②]

但是此类活动自20世纪80年代之后逐渐衰落，到我做调查的2010年和2011年，这类活动基本停止，主要是因为人手不够，缺乏资金支持。

将军庙有很多神奇的地方，首先，其修建过程就充满了神奇色彩，一般认为木兰将军死后埋葬在将军坟，后来才修了将军庙。

埋葬了之后就要修庙啊，那洼洼，两边么样叫圆椅呢？往日的圆椅，那就真正是圆椅。现在的是两个搁手的，现在是躺椅。它那里长的是柴啊，刺蓬子啊，搞么斯修庙？修庙啊又不是一家一户，到田里弄泥巴，印的土砖做房子。末了，就请当地的一个作小窑的，搭砖，烧小窑，烧青砖。这地上的石头呢，它就弄好了要下脚[③]啊，就挖脚啊，挖脚就一个白胡子老头，就说，是一个土地佬。他，旧社会就讲显圣撒。他就驮个篮子，往日兴拣粪撒，肥田的。他到这里，他说：“你们这哥们，在这修庙好啊！”他（接着又）说：“到哪里去找石头呢？砖是烧得有，没有石头下脚。”它那个压力大了，不倒了咋？青砖在土里头浸了水，容易崩塌。他说：“你们挖。”还没挖到位，他说底下有石头，就是说，观音显圣，底下哈是[④]这样的石

① 杜有源:《凤凰地上的将军墓将军庙》，见木兰文化研究会编:《木兰文化(一)》，解放军文艺出版社，2008年，第102-106页。

② 见蒋红瑶主编:《木兰文化新论》，湖北人民出版社，2007年，第177页。

③ 下脚，方言，指下地基。

④ 哈是，方言，都是。

头，要宽的有宽的，要短的有短的，要窄的有窄的。一起一车，一起一车，那个庙修够了，刚好这个庙修起来了，就这个石头就够了，它就冇得了。[①]

比如附近村民都知道，以前可以到将军庙借碗筷。来了客人的时候，家中碗筷不够，就准备黄表纸、香蜡去庙里求木兰将军，晚些时候，就可以在神像下面借到碗筷，用完之后归还，再烧点纸。雷用寿说是黑碗竹筷，罗登凤和雷绍云则说是金碗金筷子。将军庙的白马晚上会偷偷溜出去吃麦子，被村民发现了，所以后来用一根绳子拴住了。将军庙也是神圣不可侵犯的，早在明清时期就有传言“明初盗尝窃发其墓，风雷卫止灵应”，“国初闻盗窃发风雷卫止冢”；抗日战争期间，日本人妄图拆毁将军庙的石阶的时候，竟然挖出一对簸箕大的癞蛤蟆，他们认为这是护卫庙宇的，于是放弃损毁行为；在“文革”期间，有个别村民对将军庙不敬，爬上门前的石狮子或者白马，或者参与拆毁庙宇，结果都得了莫名其妙的病，后来去将军像前烧香祈求才得以痊愈。数十年过去了，村民口头仍然流传着类似传闻。

村民们常说一句话，“木兰山的菩萨应远不应近”，虽然将军庙就在木兰山脚下，村民们却很少以香客的身份上木兰山，只有罗登凤提到小时候家人上木兰山为她治病。村民们有需要会到将军庙给将军烧纸许愿，也有人陪亲戚朋友上木兰山拜菩萨，更多的是在山上谋生。村民们往往不愿谈及有关信仰的问题，但是他们与木兰山的紧密关系是显而易见的。

附近村民对将军庙最为深刻的记忆是十曹，门口有黑白无常把守大门，比常人高出许多，吐着长长的舌头，门口贴着一句话，“我来了，你怕不怕”，甚是吓人。村民说这是“风斗城”，应为“丰都城”，内有地狱惩罚人的油炸锯割、斧劈刀剁、开膛剖肚等各种恐怖刑罚，共有十种，所以称为十曹。

将军庙村辖楼房湾、杨家湾、雷家凼、徐家田、

① 雷用寿讲述，张静搜集，2010年4月16日，黄陂肖家田雷用寿家中。

▲图 3-11　将军庙大殿（张静摄于 2014 年 11 月）

▲图 3-12　将军庙内景（张静摄于 2010 年 3 月）

肖家田、杨家田、尹家冲等十一个村民小组，约 348 户，合计近 1600 人，超过三分之一的人在外打工，近一半的房屋大门紧锁，无人居住。村内多为留守的老人和妇女，他们的生活宁静而简单，一年的大部分时间忙于农事，种植油菜、水稻，采收茶叶是农业收入的主要来源，部分村民有茶林或者上山采野茶，有的也种黄豆、花生自己榨油，一般都自己种植蔬菜。因为紧邻木兰山，许多村民就在木兰山做小生意，卖进香用的香蜡纸和各种旅游纪念品，或者卖早点、开餐厅，有的在山上开车、算命、守门。这里也有不少村民在长岭镇或者黄陂打短工，主要是农闲时候在建筑工地打小工。农业现代化的发展也影响了他们的生产生活方式，部分茶林被人承包后，一些村民受雇为其工作。许多村民已举家外迁，留下的老人、妇女无力承担繁重的体力劳动，

▲图 3-13　楼房湾（张静摄于 2010 年 4 月）

而且许多家庭经济条件不错，外出工作的人会资助留在家乡的亲人，不需要他们种田养活自己，相比大城潭，这一带农田荒废甚多。

笔者早就从文献资料中知道将军庙这个地方，2010 年元宵节临近，计划开始在黄陂进行实地调查，通过木兰文化研究会秘书长黄英的帮助，联系上了长岭文化站的杜有源先生，约好在正月十三那天一起去将军庙看灯。我们在长岭镇碰头，等湖北日报的一名摄影记者一起。漫长的等待让我们错过了将军庙门前的众多民俗活动，无奈之下，我们决定去木兰山脚下的张家冲，那里的龙灯远近闻名，高龙有十二条之多，热闹非凡。此后杜有源与我成为朋友，在接下来的调查中，他给予我很多帮助。3 月初，他抽出时间带我去将军庙拜访熟人，开启了我在将军庙一带的调查。他带我去村子里拜访了几位老人，参观了将军庙和将军坟，还随同我去楼房湾探访当地颇有声望的知识分子、黄埔军校毕业生雷

▲图 3-14　将军庙附近农田（张静摄于 2010 年 5 月）

绍云老先生。杜有源帮助我以最快的速度进入村落，熟悉当地与木兰相关的古迹和传说，建立与村民的联系。

因为将军庙交通方便，我选择住在黄陂城区，每天乘坐往返木兰湖和前川客运站的公共汽车到将军庙。一般早上七点出门，大约八点可以到，下午四点结束调查。我选择将军坟周围的肖家田、杨家田、尹家冲作为重点的调查地点，同时还走访了附近的楼房湾、上屋咀和铁石墩几个村落，最后根据调查获得的线索，考察了滠水河边的仙合店，即传说中的木兰剖腹处。我采取了最为简单的方式，即询问每一位碰到的村民，问他们知不知道木兰，会不会讲她的事迹？这里的村民对将军庙的了解远远超过木兰，许多人只是说听说过木兰将军，知道这是她的坟，但是讲不出多少具体的内容。一般村民们会建议我直接去找村里七十岁以上的老人。将军庙周边村落村民对木兰的兴趣并不浓厚，这与大城潭和木兰山情况不同，也许因为这里一直没有进行旅游开发。接受访谈的一般为六七十岁的老人，共 30 多位，其中只有 3 位女性，总体说来，女性讲述木兰传说的积极性较低，知道的内容也较少。对此，男性的解释是，女人管家里事，这不是她们管的事情；女性则多说自己是从别处嫁过来的，本来知道的不多，平时也不关心这些事情，听了也忘记了。我搜集了当地木兰传说的第一手资料，有些和之前出版的文本非常接近，有些则从未见到过。讲述的内容大体可以分为两个部分：一是有关将军庙和将军坟的传说，二是关于木兰的传说。

## 木兰与将军庙、将军坟

将军庙和将军坟是有关木兰的重要遗迹，在地方传统中占据着重要的地位，有着非常神圣的一面，这些神圣性的源头则是木兰将军、木兰信仰及其传说。在将军庙周边村民的讲述中，有关将军庙和将军坟的内容占据了一半的内容，不少村民对它们的介绍和回忆超过了对木兰将军的传说。他们讲述的相关传说主要包括：

1. 木兰山以前叫青狮岭，也叫建明山，后来改名木兰山。

2. 将军坟是一个气包，可以自己长，是假的，木兰将军的真坟在这附近。

3. 将军庙前的一对石狮子，原来是张巡抚的，抬到将军庙门口抬不动了，焚香祷告后得知，木兰将军要这对石狮子。

4. “文革”期间骑过这狮子的人都不明不白生病。

5. 庙前有一对古老的白果树，有一棵死了，还有一棵活着。

6. 日本人来的时候要挖将军庙的台阶，挖出来一对很大的癞蚪①，红色的眼睛，日本人不敢挖了。当地人认为木兰山是秦始皇的赶山鞭赶来的，底下通往大海。雷绍任讲：“这里原来是海，那个秦始皇在北方赶海。先是王母娘娘命人挑

① 癞蚪，方言，即癞蛤蟆。

山赶海，后来秦始皇想了个办法，做了个鞭子赶，这个木兰山是从北方赶过来的，姚集的石门墩也是。”①

木兰山原来叫建明山，也叫过青狮岭和牛头山，后来才改为现在的名字。雷道平绘声绘色地描述了木兰山得名的由来：

先从木兰山说起，我这只听到老人传说。木兰山开始是叫青狮岭。那个时候不有山大王？寨主，就攻下（木兰山）以后哩，就又起名叫牛头山。木兰山是么时候叫出来的哩，可能是在隋朝以前，叫木兰山。木兰山哩，叫青狮岭，是最好不过！么原因哩？往长岭那里去，在二公里那下车，往东南方向看，活像个狮子。……木兰山不能够断香火！……因为么个，因为景物多，谈唯心②哩，妖怪多！是不？它这个事情哩，不能断香，断香就出妖。③

将军庙附近有座夫子山，比木兰山要矮，据说因为孔夫子来过，所以叫夫子山。传说，此处是项橐难孔子处。王汉青记载了一则相关传说：

木兰山北有座夫子山。夫子山附近有一段河，古称驿旅河。河两岸是条古驿道。相传很早很早以前的一天，年仅七岁的项橐同一伙顽童在古驿道上“筑城”为戏。这时，孔仲尼周游列国路经此处，车马被项橐的“石城”所阻，不能前进。孔子连忙下车，请顽童搬石拆城，让车马通过。顽童们都不敢作声，唯独项橐理直气壮地反驳道：“自古只有车让城之说，哪有拆城让车之理？”一句话问得孔夫子瞠目结舌，无言答对。好半天才自言自语地说：“言之有理，老夫不及也。”于是席地而坐，爱抚地将项橐搂在怀里聊天。项橐用手指着太阳问孔子：“日出如盘，是何道理？”孔子惊讶不已，回答不出。

项橐的两问难住了孔夫子，孔子以此为训，决心不耻下问，并拜项橐为师，这就是千古传颂的“昔仲尼，师项橐”之典故的来由。以后人们便把木兰山北

① 雷绍任讲述，张静搜集，2010年4月2日，黄陂楼房湾雷绍任家中。

② 谈唯心，方言，指按照迷信说法。

③ 雷道平讲述，张静搜集，2010年4月21日，黄陂尹家冲刘金华家中。

边的这座子山叫作夫子山，把孔子席地而坐与项橐攀谈之地叫夫子台，在台上建了夫子庙。这些地名和传说一直流传到今天。[1]

有关夫子山的传说，有的文本也与木兰有关。雷绍任说孔夫子和木兰“两个赌道行，就是下棋。下棋哩，孔夫子就下赢了，那个木兰，木兰哩就下输了，就把那个山蹬了一脚，那个山就不长，不长咧”[2]。刘建新还记录了另外一个异文：

夫子山，也有人叫麸子山。据说很早以前，夫子山是一座无名山，它和木兰山都像发了酵的包子一样不断在升高，而且无名山比木兰山还要高。

相传有一天，祖师菩萨与木兰将军走棋输了以后，把棋子往北一甩，闷闷不乐地喝了一顿酒，羞愧地转身就走，谁知酒后脚重，一脚踏在无名山上。那无名山竟像散堆着的麸皮一样，经不起祖师菩萨一脚，结果把整个山都压了下去，一只脚也陷进数尺，不能自拔。木兰将军见状，哈哈一笑，伸手把祖师菩萨拉了起来，并劝他同住木兰山。至此，祖师菩萨才在木兰山落了位。无名山也被叫作麸子山，以后习惯就写成了夫子山。自祖师菩萨踩陷以后，夫子山再也没有长高了，木兰山也随着没有向上长，所以现在夫子山比木兰山还要矮一大截。[3]

许多村民都说，将军坟是个气包，自己会长，这是个假坟，在“文革”期间，有人挖过，怕遭报应，只挖了个坑就停了。

将军庙在村民口中极具神秘色彩，说白马能晚上偷偷跑出去偷麦子吃，癞蛤蟆在抗日时期保护将军庙，最神奇的莫过于庙里的石狮子，来历不凡：传说，将军庙的石狮子原本是张巡抚[4]的，被木兰将军留在自己的庙里。

唉，这个狮子的来历，是张巡抚的。因为张巡抚，在上古寺，在那里许了愿。不晓得（狮子）在哪个地方篆的，在西边吧。（十几个人把狮子）抬到这

①任舜华讲述，刘建新整理。见黄陂文艺编辑部编：《木兰山的传说》，内部资料本，第70页。

②雷绍任讲述，张静搜集，2010年4月2日，黄陂楼房湾雷绍任家中。

③胡志高讲述，刘建新搜集。见黄陂文艺编辑部编：《木兰山的传说》，内部资料本，第69页。

④张涛（1554年—1618年），生于黄陂今黄陂区长轩岭镇南洲田村张家祠堂湾，民间称张家大厂，曾经有张家修建的大庄园，离将军庙非常近。张涛曾任都察院右御史、辽东巡抚，富甲一方。

个庙里，这庙位置好，往日这是条大路撒，往东去好，往西去好，往北去，都是经过这就这歇倒[1]，就到这庙上来喝茶。十几个人，抬那一对狮子，在这喝茶，转去再抬那狮子，抬不动！两个人抬那个狮子，抬不动，末了搞四个人抬，还是抬不动，八个人抬，也抬不动，抬不动，就又跑到庙上来，就问这个庙上当家的，他说："当家，当家，这是么样个事情？"这个当家哩，就拿着纸钱啊，香啊，在那烧着供，亲自跪倒，她说："您人家，如果要是，在这个地方，要站位，您家也请（明示）"，她说："你要是不在这里站位，或者没送你路费盘缠哩，也请（明示）。"她说："要是在这个地方站位，这个路又窄，看两个人能够把她请倒去不？"再抬，两个人就把她抬起了，两个人抬这里来啊！抬这里来哩，不就这里登了位啦？登了位以后哩，就是那一年，就栽了这两棵白果树，先有狮子，后栽树。现在说科学咧，那时候哪有科学哩？为什么，大手是公的，小手，右边，属于是小手撒，是母的。为什么现在说话哩，不是说重男轻女，女的她小些，母树她结果撒，这科学嘛。随意栽的，大手就是公树，小手是母树。看狮子摆的也是这个顺序。（白果树）成活，结果。狮子这边是个雄狮，那边是个母狮。[2]

这对石狮子非常有灵气，传说冒犯石狮子的人往往马上遭到报应，这些传说发生的年代并不久远，一般在"破四旧"和"文革"时期，主人公一般为女性，她们不敬重神灵，骑了狮子，回家之后就生了非常严重的病，医治无效，最后只能来求木兰将军，烧点香蜡和黄表纸之后，马上就痊愈了。村民们回忆这些事情的时候往往有很多顾虑，但是可以发现大家普遍都知道这些事情。

莫看这一对狮子，还是有灵气哎。么样有灵气哩？那个，叫土地改革的时候，就那土改的时候，有个妇女，她跑到这个狮子这里，跨地坐嗒[3]。到末了，那个跨的姑娘，她（指我）在这里，不好说的。跨地

① 歇倒，方言，停住，停在。

② 雷道平讲述，张静搜集，2010年4月21日，黄陂尹家冲刘金华家中。

③ 跨地坐嗒，方言，两腿张开跨坐。

▲图 3-15 石狮子（张静摄于 2014 年 11 月）

坐倒，到末了，就那个，这证明说那个狮子还是有灵气，（沉默，欲言又止）到末了还不是敬菩萨吵，敬菩萨就好了吵。那说，往日不信迷信，就说不信迷信哎又有些迷信。[①]

不仅石狮子，将军庙的白马也非常神奇，据传说以前曾经晚上偷偷溜出去偷麦子吃结果被农民打伤了腿，后来只好用绳子拴起来，还塑了一个战将把它牵着。重修的将军庙内也有一对白马，立在进入大门通往正殿的石道两边。这对白马和石狮子一样也是不可侵犯的，雷道平讲述了"文革"期间一位女干部的遭遇：

木兰，将军庙，要谈神啊，那神得很！梅桂珍，你听到这个人的吗？梅桂珍，罗天汉，你晓得不？罗天汉，在这搞水利局的局长啊！梅桂珍，是杜山良（音）的夫人。你听我说。梅桂珍跟罗天汉，在我这里搞土改，到将军庙来玩，这时候将军庙还冒打？她，梅桂珍，是个女伢。她去骑马，就是木兰殿，就十曹里头，她去骑那个马，她骑上去啊！骑上去啊，回去，就在我这湾里，泰平（音，人名）哩，雷泰平（音），就在他屋里落脚，在他那吃饭，在我这巷子，那头的第三家人家，在他的屋里休息，是不？张倒胯崴[②]，走路就这样走，脚不能走。后来，那个婆婆哩，雷泰平的娘，她说："小梅，小梅，么样啊？"她说："么样？"她的儿子就说，他说："么样？她去骑了马的！"她说："哪里骑马的啊？"他说："将军庙！十曹的马，她去骑了的！"她说："嘿，她去骑了马的！"婆婆哩信迷信，人都是供神撒……她去骑了马的，末了，搞土改的人破除迷信，是不？她（被别人）晓得了不反对咋？她偷偷来烧香，到下午（天）黑啊，唉！么样好了的？来嘱咐了，禀告了的。嘿嘿，不信邪。[③]

类似的说法被杜有源和其他人证实，这与大城潭破坏观音寺和将军庙的人遭受惩罚的传说非常类似。

① 柳云林讲述，张静搜集，2010 年 3 月 19 日，黄陂尹家冲柳云林家中。

② 张倒胯崴，方言，类似于严重的八字腿，走路不稳，摇摇晃晃。

③ 雷道平讲述，张静搜集，2010 年 4 月 21 日，黄陂尹家冲刘金华家中。

▲图 3–16　白马（张静摄于 2014 年 11 月）

将军庙在这一代村民心中非常神圣，抗日战争期间，日本人试图破坏将军庙：

日本人到中国来，我只有 8 岁，修了条公路，原来在那头，将军庙这里（的）一条公路，日本人来修了条公路，修到将军庙前头，日本人就要割这两棵白果树，我这地方的人就要求（不要割），日本人还是信点把迷信，那不能割，就说有神，就没割。拆了将军庙门前，一上将军庙有几步台阶。拆那个台阶，拆出一对大癞蚪出来，一对大癞蚪，一边坐一个，守倒个门，那么大，亮汪①了地，一边一个，就像狮子那样守倒，嘿嘿，你说有些那个不？②

村民还经常提到铁屎墩这个地名，现在仍有这个村庄，只不过为了好听改为“铁石墩”，它的来历也与木兰相关，传说是为木兰造铠甲剩下的铁渣子倒在那个地方，所以叫铁屎墩。

关于铁石墩，村民的讲述都非常简单，我从

① 亮注，方言，形容词，亮堂堂，亮汪汪。

② 柳云林讲述，张静搜集，2010 年 3 月 19 日，黄陂尹家冲柳云林家中。

▲图 3-17　铁石墩村（张静摄于 2010 年 5 月）

《神奇的木兰山》中选择了一个较为完整的文本：

木兰山的西北脚下，有个小山，叫铁屎墩。铁屎墩的山石跟铁一样硬朗；长年累月，草木不生。你要问是个么巧？那里的人们就会给你讲一个美丽的传说。

相传，鲁班师傅有七个徒弟：第一个徒弟是木匠，第二个徒弟是铁匠，第三个徒弟是铜匠，第四个徒弟是皮匠，第五个徒弟是篾匠，第六个徒弟是泥瓦匠，第七个徒弟是石匠。木兰山的西北脚下，有一个百岁的铁匠老人，他是鲁班的二徒弟的徒弟，总之，鲁班师傅就是这百岁铁匠老人的祖师爷。

百岁的铁匠老人害了一场大病，躺在床上已经有一百天了。

这天，铁匠老人的孙儿带回一件奇闻，说十八岁的木兰姑娘要替她老头子从军，带兵打仗。铁匠老人听了这个奇闻，心里喜不过，哈哈大笑。他这么一笑，头也不痛，腿也不软，病好光了。浑身上下尽是劲。他把被子一揭，就下了床。

孙儿见了，好不奇怪。他生怕爷爷着凉，忙说："爷爷，您不是生病了吗？跑起来做么事？"

铁匠老人笑呵呵地说："你爷的病已经全好了，我这就去招呼徒弟，把锤子抡起来。"

铁匠老人不知怎么地，一拔腿就走了一里路，不多大功夫，就跑了二九十八个湾子，把他的十八个徒弟都招呼拢来了。这十八个徒弟，人人都带着贺礼，来到铁匠老人的屋里，以为铁匠老人身子骨还原，要做百年大寿，都呈上自个的贺礼。

铁匠老人谁的礼也没收，对徒弟们说："我招呼你们来，不是要你们贺寿，是叫你们抡家伙的。十八岁的朱木兰，女扮男装，替老子从军，明天就要率兵出发，我想打些兵器，送给木兰的队伍，这码事比我做百年大寿重要得多。"

有个徒弟问："那准备打多少兵器呢？"

铁匠老人说："少说也要打一万件！"接着，铁匠老人摸着长长的胡须说："我活了一百个年头，抡了一生的家伙，不晓得打了几多铁。从来也没像今天这样心甘情愿地打。你们少说也打了大半辈子铁了。眼下，是个赛本事、比手艺的时候，我们都要拿出吃奶的劲，用我们的锤声把天上的神仙震醒！"

说罢，他们在湾头点着火，拉起风箱，叮叮当当地打起兵器来，震得大地直抖擞。

这时，远处飘来一朵白云，白云上站着一个老翁，那老翁随着云朵，朝打铁的方向越飘越近。这老翁就是人们传说中的鲁班师傅。鲁班师傅一问，知道这些后世门徒是要打兵器送给木兰，心里可喜不过。

鲁班师父是木匠的创始人，也是七匠的祖先。第一个发明锯的是他，修第一座楼房的也是他。他离开人间后，由于手艺高强，在百万神灵中威望蛮高。铁匠徒弟们，在一夜之间要打出一万件的精神，感动了鲁班。鲁班打算请出天兵天将，给铁匠徒弟们助把劲。

…………

不一会，天兵天将、火神、风神、月亮和星星都赶来了。天兵天将一降落，打兵器的由十九个到一百九十个，由一百九十个到一千九百个，越添越多，添得数也数不清。

…………

天麻麻亮，天兵天将，还有火神、风神，见送给木兰的兵器已打好了，就扬长而去。剩下了月亮公公和星星姑娘。鲁班师傅问月亮："这一夜之间究竟打了多少兵器？"

月亮公公笑着说："打的兵器比我的星星姑娘还多，这我可来不及数清。"

不一会，月亮公公、星星姑娘和鲁班师傅都走了。百岁的铁匠老人把所有的兵器都给木兰和她的队伍带走了。剩下的是堆得像座小山的钢渣、废铁，人们见了，用当地的话说，那钢渣、废铁，是兵器在锻打时拉的屎。就这样，人们就把那堆钢渣、废铁叫作铁屎墩。①

## 木兰的传说

将军庙一带也流传着大量木兰的传说，从出生大城潭到葬于将军坟，贯穿她短暂的人生，以此为基干，演绎出许多新的文本，这些文本大同小异，区别主要是有关木兰之死。

1. 木兰姓朱，出生在十二里外的大城潭，生活在唐朝。她的父亲是朱寿甫，祖父是朱若虚。

2. 木兰有两个师父，铁冠道人和丧吾和尚。

3. 木兰女扮男装替父从军。

4. 人们把为木兰打造铠甲的铁渣倒在将军庙附近，叫作铁屎墩。

5. 军中十二年，她立下很多战功，但是得胜还朝后她拒绝封赏，回到家乡。

6. 她的嫂子诬陷她不贞怀孕，木兰与她打赌，在仙河边剖腹洗心以证清白，血水倒流一里，这段河被称为一里河。嫂子打赌失败被杀，头被割掉，将军庙有个将士塑像手里提着一个人头。

①《鲁班巧助铁屎墩》，选自王汉青编著：《神奇的木兰山》，广西人民出版社，1985 年，第 61—65 页。

（异文：被诬陷谋反）

7. 木兰被往回抬的过程中，在半途无法继续走了，就埋葬在当地，就是现在的将军坟，将军庙是纪念她的。

（异文①在往回抬的过程中，她喝了池塘里的水就死了，那口塘被命名为“搭命塘”；异文②她剖腹之后没有死，走在路上听到有人叫卖无心菜，她答应了，当即倒地而死。）

将军庙一带的村民都尊称木兰为“木兰将军”，一般都说木兰姓朱，唐朝人，是双龙镇，现在叫大城潭那边的人。一般认为，朱木兰与花木兰不是一个人，但是两人被弄混了，有人认为木兰原本姓朱，因为某些原因被叫作花木兰，比如雷用寿说：

木兰是那边朱家的。那现在呢？这大几十年，都是花木兰，花木兰，那就是这朱家的，这朱木兰的老子，去了世，他带的大徒弟，是河南的，但是她呢，这木兰在她妈的肚子里还没出世，所以呢，（跟着）这个大徒弟呢，就跟着回了河南。回河南呢，就姓花。她实质就是朱木兰，就是这朱家的。[1]

这一说法并不普遍，较为流行的说法是朱木兰和一个叫花阿珍的人混淆了。

木兰的父亲叫朱寿甫，是（或曾经是）朝廷的一个将领，也有人说木兰是父母在木兰山求来的，如雷道平：

将军庙，那个时候不叫将军庙，就是过去一个小石头庙。将军庙那个起名，是因为木兰将军，她得胜归朝以后，才起名叫将军庙。木兰将军是北边，大城潭，姓朱，那叫双龙镇。她的老子，可能是隋朝那个时候，是朝中的一个大武臣，武官，就说保皇帝的人。到年纪的人咧，就解甲归田，在屋里休养，自己又没得后人，是不？她的老子到了几大年纪？接近，就是五十岁的时候，家里还没得子女，老伴哩，他的婆婆哩，就说，敬个香。往日说，二月十九（日），是观音菩萨过生，就说来木兰山敬菩萨。敬菩萨哩，

① 雷用寿讲述，张静搜集，2010年4月16日，黄陂肖家田雷用寿家中。

由下头往上头敬，敬了以后就回来，转头来，转头走到磨针涧，磨针涧，是个大柳树，那个大柳树一直到现在还保留在，那个柳树啊，比那个白果树的年龄啊还大些，岁数还高些。就在那里休息，休息哩，婆婆在那里坐倒，就打瞌睡，睡着了。睡着一醒哩，她就说："老爷，老爷！吃了几大个桃子哦！"老头子哩，因为是，那样的个官员，肯定还有学问，还不浅咧，他就说："哎呀，好了好了！"回去哩，在屋里休养两三天，就怀了喜，就生了木兰。①

传说中，木兰有两个师傅，铁冠道人和丧吾和尚，大多说村民只是提到两人的名字，徐占魁却能讲述丧吾和尚的来历：

木兰在未从军以前，她在这个地方啊，就拜的有两个师父，所以她有很好的武功。一个师父就是木兰山的那个师父，住东泉庵。他是道人，当时叫铁冠道人，冠是冠军的冠。他也很有武功，这就是，她第一个师父。第二个师父，是个和尚，就住这个夫子山，那有个洞叫白云洞，他住在那个地方，很简单、很小的个位置。那个和尚叫么名字呢？叫丧吾和尚，丧吾呢？丧就是死，吾就是"我"，就说"我"已经死了的个和尚。"我"现在就是个和尚，"我"的人已经死了。他的名字就是这样个意义。就说，他的个来源呢，就是哪个呢？他就过去，就是那个唐朝时候大将伍云昭。有这个大将是不？镇守界牌关！就说大将伍云昭，他的武功最好，是吧？就说伍云昭，他就出家，不当他的大官了，当和尚了，就改名叫丧吾和尚。②

木兰出征的传说中也有许多细节刻画，主要是木兰如何劝说父亲。雷道平的讲述非常细致：

木兰到了十三四岁，朝廷里就来信啊，就叫她爹去边关，嗯，去平叛。她爹到了那大的年龄。她在八岁的时候，她的爹就教她武术。姑娘伢么，按旧社会

① 雷道平讲述，张静搜集，2010年4月21日，黄陂尹家冲刘金华家中。

② 徐占魁讲述，张静搜集，2010年5月19日，黄陂上屋咀徐占魁家中。

说，在绣楼高头挑花、习文。她爱习武，她爹在外头锻炼身体哩，她就跟着学，就学到了。国家来了命令，叫她爹去，她就站出来，她就跟她的爹说："那我去。"他说："你是个姑娘伢，你去什么？你有个么能耐？"她说："您那练武功，我在楼上看着。你做个么动作，我都学到去了。"她爹就不要她去，过一下，她到屋里去化妆，化装成一个儿子伢出来，跟她爹跪到，请求，让她去。她爹说："你一个姑娘伢，么叫人家认不出来是个姑娘？"她爹哩，就冇得法，拦不住咧。她爹说："那个弓箭，你如果拉得动，拉直，拉到能够弹箭出去，你就走。"十几岁的伢，她就能把箭拉开（射出去）。[①]

雷用寿更多从爱护孝顺父亲、热爱国家的角度来讲述木兰劝说父亲的过程，细致描绘了父亲愁眉不展、木兰细心劝慰的场景，塑造了一个善良、体贴的女儿形象：

开始是，她那爸，就到了年纪，他就不能带兵打一仗。末了，要他写降表，就是说，我们中国就亡国啦。木兰呢，她就看她的父亲呢，估计是不服气。她那样的家庭，带兵的话。往日是走，走去，走来。（到了，见她父亲）又不吃，又不喝，木兰就问他说："你有病啦？我就去叫医生"。他不说话，就摆脑壳，不答应。摆脑壳就是说他不是病。她说："你是心病，讲得女儿听，看有解吗？"（问）一遍也不说，两遍也不说。第三次他才说。他说女儿起么作用。旧社会，女的就不当事，就没几大用撒。就说，有点重男轻女啊。没办法，逼得没办法，他就说："我打败了一仗，又到了年纪，要写降表，国家就亡了，江山就完了。"她说："那不怕，冇得关系。"她要她的爸把蟒袍玉带把得[②]她，她到房里去把衣裳一换，她再一装（扮），一个大官出来。她爸就不认得是他姑娘。（看）她女扮男装，（她爸就问她），是不是有这样的哈数[③]？她说，我去试下子。她爸不晓得她在学武，他末了就让她去带兵，打一仗胜一仗。[④]

讲述者一般对木兰在军中的经历一笔带过，但是从小在木兰山玉皇阁长大的张保华详细讲述了木兰从军和征战的经过：

朱天禄的话哩？就是在朝中是一个武将，跟番邦作战，他已经老了，老了就回啊！回来之后，就像现在退休，辞官不做。（边关）打了战事，就要作战，作

① 雷道平讲述，张静搜集，2010 年 4 月 21 日，黄陂尹家冲刘金华家中。

② 把得，方言，给。

③ 哈数，方言，意思为本事、能力。

④ 雷用寿讲述，张静搜集，2010 年 4 月 16 日，黄陂肖家田雷用寿家中。

战就冇得人，朝廷就下了一道诏书，要把他诏去，去应战。他又在病中，最后，他就着急。着急哩，木兰将军，他的女儿就说：“父亲着么急呢，朝中有么事情？”“番邦现在要跟中原打仗啊，要我去那个，我现在年迈，么斯能够上阵呢？”她木兰说：“那这样，我去！”他说：“你是个女人，你去做么斯哩？”她说“我代父从军！代父。”她去前先跟铁冠祖师会面，会面就问：“铁冠祖师，我去不去？”铁冠祖师说：“可以去，可以去，你有孝心，可以去。”再末①去的话，他就下了三道锦囊，三道锦囊就是三道符，就是铁冠道人跟她下的。

一到了朝廷，朝上就问木兰：“你是？”她说：“我是朱天禄的后代。”她是女扮男装撒，朱天禄的后代。他说：“朱天禄冇得儿啊？”她说：“我是幼年被狂风吹去了。我现在学了一套武术，我的父亲在病中，我要代父从军。”他说：“既然是这样，那好，朱家有，有人才，有将才。”她末了去，一到那里上阵的话哩，这个木兰山，有个妖孽，叫胡秉池，就专门跟铁冠道人作对。他（胡秉池）就去了，他一上阵的话哩，他就把她的父母双亲的话，就挂到个城墙高头，脱得赤身露体，他说：“女儿啊，你不能战啊，你投降，父母就有得救，不投降父母就冇得救。”这个当中，她自己就冇得办法，就把那个锦囊烧了一道。锦囊一烧的话，马上就一炸，就把个胡秉池的脚炸了，就炸成个独脚，独脚大仙！她的父亲，一会就冇得了，是他（胡秉池）变的，是妖魔变的。末了在店里，店里他又去调戏她，调戏她就又烧了一道锦囊，又一打。

最后的话就到了，就到了，真正的出征的话哩，那边是叫花阿珍，相当狠，她看到朱木兰哩，相貌相当好，又靓又美，她一枪把她（朱木兰）挑过去了。挑过去了就要跟她（朱木兰）配为夫妻。她（朱木兰）当时说：“那我不能配，我在阵上配姻缘的话，那朝中不饶。要配的话，要到我中原去配。那你要写降表。”最后呢，花阿珍一投降的话，那边就冇得人员了，就降了。最后，末了她（朱木兰）就到朝廷来。一到朝廷，她（朱木兰）就跟皇帝说，她说：“我有欺君之罪。”他（皇帝）说：“有么欺君之罪？”她说：“我是个女儿，我是女扮男装，代父从军，现在番邦已经投降，我把那花阿珍带过来了，她要跟我结婚。”他说：“那你们是么能够结婚呢？你是个女儿，她是个女儿，那冇得办法。”末后（没办法），跟花阿珍进了洞房。

洞房哩，花阿珍睡倒，她（朱木兰）就不睡啦，就只看书。她（花阿珍）说：“么样，难得上来，瞧我不起吗？我是番邦一员大将，我跟你配为夫妻，你还有什么不如意？”她（朱木兰）就一下子跪在她面前，跪在她面前求饶，说：“我是一个女扮男装，我是一个女儿身。”她（花阿珍）说：“是这样啊，那问题好解决，那我们拜为姊妹。”她们就拜为姊妹。拜为姊妹的话哩，她改成“花

① 再末，方言，再后来的意思。

▲图 3-18　将军塑像 1（张静摄于 2011 年 2 月）

木兰”。就是这样哩，就成了花木兰。一个朱木兰，一个花木兰。①

将军庙一带的传说以木兰回乡后被迫剖腹自尽的悲惨遭遇为讲述中心，一般是说嫂子诬陷她失贞怀孕，木兰无法辩解，只能在仙河边剖腹以证清白，河水倒流一里，那段河被叫作一里河。

在外头从军了十几年，去打边界侵犯的敌人，屡战奇功。最后哩，皇帝就封她，就允许她的假。她就回家休养，在外头身体就发胖了。她家族的，姓朱的啊，和一些有头有脸的人唉，就嚼嘴巴子，就说这姑娘伢不正经，在外头么样搞，么样么样的事情，老子

① 张保华讲述，张静搜集，2010 年 4 月 16 日，黄陂杨家田张保华家中。

跟娘都怄死。她又说不清，跟娘解释，娘将信将不信。她最后，没办法，她就走到仙河边，现叫剖腹台，把肚子剖开，有随从跟倒，一看到小姐做那样个事么，不就都吓不过。她把个心，割下来，她叫："你到朝廷里去，说我已经自杀了。"末了，快马去，那时候京城不晓得是哪儿。一去哩，那个心哩，还在动唉！皇帝就慌了，说："真是，贞洁的女子！"最后才封她，封她为将军。就封她几个字——忠孝勇节！[①]

许多讲述者都提到了木兰和嫂子二人打赌，用一些方法验证贞洁，有的甚至讲到输了的要把头砍掉，柳云林、刘金平都记得将军庙内有一个武将的塑像提着一个女人的头。柳云林说：

她是姑娘，是姑娘参军。参军的那个身子发了[②]，在将军庙原来有拆的时候，有她的个神像，神像两边的战将，有个战将把个脑壳提到。那是个么原因？是她的个嫂，木兰将军的那嫂。木兰将军那个发了身子哩，她的嫂就说她，说她不正经，晓不？怀疑有身孕。她说她没，（她说）我跟你打个赌。去那个仙合店，她是去剖肚子，（她说）你说我有身孕，我就把肚子剖开把你看。我如果说没得身孕，我就把你杀了，把你脑壳杀了。在仙河那有个剖腹台，在那里去剖肚子，肚子剖开之后，就在河里去洗，血哈[③]把河里的水哈染红了，那个地被改为仙合店。[④]

雷用寿则对压红布验贞洁的细节有很多清晰的讲述：

木兰的妈，就养姊妹两个。她的妈就跟姑娘（木兰）说，她说："没得这回事。"她的嫂子就问她的娘，她娘说："妹子没那回事，是发了身子。"她说："这样，把片子[⑤]放在后头花园里，后门，一边一块，把石头压倒，（看）哪个的片子烂了。"末了，她的嫂

① 雷用寿讲述，张静搜集，2010年4月16日，黄陂肖家田雷用寿家中。

② 身子发了，方言，意思是长胖了。

③ 柳云林讲述，张静搜集，2010年3月19日，黄陂尹家冲柳云林家中。

④ 哈，方言，都，全部。

⑤ 片子，方言，指一块棉织物。

▲图 3-19　一里河河面（张静摄于 2014 年 11 月）

嫂就把木兰的，每天去，偷偷去运水[①]，那它不烂？她（嫂子）的没运水，就没烂。就这样的话哩，末了，就没得办法咧；末了就开膛破肚，就在这仙合店，仙合店就是这样起的名字。[②]

这段话听起来含糊不清，内容大概是木兰回乡之后，嫂子说她怀孕了，木兰否认，嫂子决定和她打赌，把一块布压在石头下，烂了的就是做了拐事[③]的。她嫂子使了计谋，每天往木兰的布上浇水，木兰的布烂了，打赌也输了，没办法只好在仙合店开膛破肚。雷用寿的讲述如此含混是有一定原因的，这种类似的情况我遇到过几次。中老年男性讲述时，因我是一个年轻的未婚女性，他们在我面前讲述此类内容是不合适的，所以他们会省略一些较为敏感的地方，或者用“这个”、“那个”一类的词来代替，或者干脆沉默一会，跳过某些地方。姑嫂打赌，用红布做验证的情节是中国民间故事和传说中较为常见的情节，这一情节在将军庙一带融入木兰传说中，在大

①运水，方言，浇水、灌溉。

②雷用寿讲述，张静搜集，2010 年 4 月 16 日，黄陂肖家田雷用寿家中。

③方言，即不好的或不正经的事情。

城潭、木兰山道士中则没有听到此类文本。

木兰之死在将军庙也有其他的说法，认为是被诬陷谋反，这与木兰山流行的传说比较接近，张保华还加入了一段胡秉池和铁冠道人斗法的情节，他讲述：

朝廷下旨啊就回家，花木兰就回来，回来之后哩，皇帝的心相当窄，他想："我的个位置（皇位）是哪个坐呢？"（他）就叫军师先生推算。军师推算说："姓武的坐。"他（皇帝）说："姓武的坐，（那）把姓武的都杀光！"又问，他（皇帝）说是哪个坐呢？他（军师）说还是姓武的。他（皇帝）说："那哪个姓武呢？"那只有武侯，花木兰她是武侯。后来就传花木兰。花木兰的师父晓得是么样的个事情。末后，就去见她的师父，一见她师父，在磨针涧那，又遇到那个胡秉池。（此段内容比较混乱，大意说胡秉池的徒弟们不同意打木兰，但是胡秉池坚持这样做）……一说就摇身一变，就把她砍了。一砍，她就无法，烧了第三道锦囊，她师父铁冠道人就来了，来了最后的话就把她救出来了。那个胡秉池哩，就跟铁冠道人赌道行，看哪个的道行大些！他说着，他把个石头，一下飞开，就把铁冠道人压在棋盘石底下，最后，你么样飞，他就一化，就把他压进去了。压进去了，石头上就写了一句诗："一石难合二，二石难合一，此山香火断，妖怪出洞来。"末后就是这样，末后就把那个石头叫棋盘石。最后朝廷总想办法啊，那只有武侯啊！木兰将军最后自己把自己心剖开，那一里河啊，那仙合店啊，那哈是[1]她那一套。末后把心剖开就拿到朝廷里去，是一颗红心，最后就问是哪个？末后还是个姓武的，搞不清楚，末后是哪个？武则天篡位。就是这样个东西。[2]

也有传说讲述木兰在剖腹台自尽，徐占魁说：

她就自己在那个河边上，双龙镇出来有一条小河，跟我前面这个地方不一样，它那是个平原地方，

① 哈是，方言，都是。

② 张保华讲述，张静搜集，2010年4月16日，黄陂杨家田张保华家中。

不是我这样个山坡，它那个河边上，杵到水当中有一块大石头，她到那个大石头高头去，她自己剖腹。剖腹的那个地方，那个石头台子呢就叫个剖腹台。现在没有几多人谈那个事，那个事情也不很那个。这地方人都还晓得那个位置。那剖腹台年数蛮长，一直到现在还有人叫嘛。是不？那个剖腹台就是木兰将军那个剖腹台。她剖腹以后，她的血不跟水往下流，它往上流！倒流一里路，朝她家乡那个方向流。就朝上流，流了一里多路，再还有一里路，到两里路，就是它的那个双龙镇。它倒流一里路的那个地方，末后，那个湾子改名叫一里河。一里河的那个来历，就是这样来的。一直到现在还有这个一里河。①

雷用寿讲述了一则木兰之死的传说，与其他人的文本都不相同。在他的文本中，木兰剖腹之后未死，有奸臣卖无心菜，木兰答应之后应声倒地。

末了就开膛破肚哩，谈唯心的话就有人救。往日就说是观音救的。她（木兰）是忠臣，她在这里，奸臣又害她，提一个篮子卖无心菜，哪有无心菜呢，是不？她开了刀哩。据说，她走一百步，不往转走，也不往转望，任何人不答应，走一百步过了，她就能够活。结果这奸臣哩，他就提个篮子，叫："无心菜，无心菜，卖无心菜。"结果呢，木兰已经走到了九十多步，还是忍不住答应，她说："无心菜，是么能长呢？"她问那个奸臣，奸臣说："它有根。"她说："人无心呢？"奸臣说："人无心只有死。"就这样呢，木兰将军就死了。②

这一情节与《封神演义》中比干之死非常相像，我第一次听的时候以为雷用寿把看过的其他小说与木兰传说混杂在一起了，但后来在仙合店与人闲聊的时候听到其他人提到了类似情节，可见这一异文可能曾经普遍流传。

一般传说到木兰之死结束，对于木兰为何埋葬在离河边有数里地的将军庙没有进一步的解释，但是雷用寿、雷道平的讲述中则专门解释了这个问题。雷用寿说木兰在仙合店剖腹自尽后没有死，到了杨家畈那才死。沿着从仙合店到将军庙的老路往回抬，到将军庙门口的水塘那休息，结果怎么也抬不动了。村长烧纸祷告，征求木兰的意思，说如果她看中了这个位置就让人把她抬到那去埋葬。然后能抬动了，木兰也就葬在将军庙了。

她末后死在半路，在杨家畈那底下，它往日这边没有路，那是一条泥路到长岭，晓得？到杨家畈那地下就死了，死了的话呢，就抬，那是一条大路，到汉口

① 徐占魁讲述，张静搜集，2010年5月19日，黄陂上屋咀徐占魁家中。

② 雷用寿讲述，张静搜集，2010年4月17日，黄陂肖家田雷用寿家中。

去的。抬到我这后头。那个塘还在那呵，塘它是弯着走的，它不是像现在。就在那个塘那，歇一气，叫天她不走，旧社会，它就讲的，信神撒，她就说看中了将军庙这个（位置），将军庙它是个风水宝地。她不走，不管什么事都有个头头撒……那个村长在头里[①]，就烧香，烧黄表，他说："如果您家看中了这个地面的位置的话，您就显圣，让这些人把您送到那里埋葬。"就这样一搞呢，再抬就轻轻地，（原先）就像钉了个桩样，它抬不动，到那里就那样埋葬了。[②]

雷道平和刘金华二人讲述了一段血里湾和搭命塘的传说。据他二人说，以前从仙合店过来有条大路通往将军庙，这两个地点就在这条路上，搭命塘在庙门口约五十米的地方，血里湾在尹家冲西南约二里处，木兰忍不住喝了水就死了，只好就近葬在这个地方。

她不就（被）抬回来，就由剖腹台那过来，在剖腹的时候，剖腹不是有血沫子吗？倒流！血沫子水啊，倒流，就流到了一里河！因为那个血沫子，在那个位

▲图 3-20　血里湾（张静摄于 2010 年 4 月）

①在头里，方言，在前头。

②雷用寿讲述，张静搜集，2010 年 4 月 17 日，黄陂肖家田雷用寿家中。

置成了仙，它那个一里河从来没淹过！末了把她抬回来唉，就走我这湾里。抄直过来，环个山过来，往日，可能是敬香的一条大路，到木兰山的，就到我这名字叫，叫血里湾！由那边抬过来，名叫血里湾，滴下血，起名叫血里湾。

抬到这歇倒，人还没死！就（在）那个将军庙门前，往日姓雷的祠堂门前，由那歇倒，她说要喝水。按照现在的科学来说哩，开刀的人不能够喝水，是不？她说要喝水。没得办法，是不，人已经到那个样，心都拿了，哪还活得了！喝了水就告了终，等下就死啦！那个塘，那个时候不晓得叫么塘，这才起名叫搭命塘。因为木兰喝了里头的水（就死了），才叫搭命塘。[1]

▲图 3-21　搭命塘（张静摄于 2014 年 11 月）

① 雷道平讲述，张静搜集，2010 年 4 月 21 日，黄陂尹家冲刘金华家中。

## 小 结

将军庙一带的木兰传说，以木兰之死的情节为讲述中心，围绕将军庙和将军坟这两处风物，将木兰剖腹处的仙合店、一里河以及临近的木兰山、铁屎墩、夫子山纳入其中，形成一个相对独立的传说圈，历史人物传说和风物传说相互交融。在将军庙一带村民的心中，木兰具有崇高的地位，他们普遍相信木兰是一个历史人物，她的传说故事也是真实发生过的，她在世的时候是一个不平凡的人，死后则成为神，具有高强的法力，护佑着村民和这个地方。

▲图 3-22　木兰塑像（张静摄于 2011 年 2 月）

雷用寿这样评价木兰：

她为国家立了功，（人们）代代往下传，老人烧个香，敬个纸，清明节啊，这是个纪念问题，不忘记她。木兰啊，就是这样一回事。多少年来，代代往下传，就是留念她的意思。对国家有贡献，守国家，出了力，出了血汗，再把命也牺牲了，和现在一样。跟现在打仗不是一回事？过去呢，她是神仙……那些神仙哈（都）是为国家立了功的人。她不是一般的人，一般的老百姓，否则不会留名到现在。①

① 雷用寿讲述，张静搜集，2010 年 4 月 16 日，黄陂肖家田雷用寿家中。

▲图 3-23　将军坟上的树木（张静摄于 2014 年 11 月）

▲图 3-24　将军坟上的野花（张静摄于 2014 年 11 月）

# 第四章 木兰山与木兰传说

木兰山被誉是黄陂最为著名的旅游景点和宗教圣地，北枕大别山，南瞰江汉平原，自然风光秀美，历史文化悠久，明代诗人屠达在游记中赞叹其为“西陵最胜，盖三楚之极观”。木兰山海拔 581 米，方圆 30 平方公里，三峰高耸，靠南为祁嗣顶，背靠两座山峰，东边是金顶，西边是玉皇阁。

▲图 4-1　木兰山风景（张静摄于 2014 年 11 月）

木兰山林木繁茂，木兰耸翠为黄陂十景之一，同治年间的《黄陂县志》收录诗文数首：

玉笋嶙峋耸碧霄，良工停笔未曾描。
烟笼丫髻春偏媚，青似佛头晚更饶。
尺五斗魁看渐近，寻常太华望非遥。
簿书销尽攀跻兴，愁见岩桃两度夭。

玉削芙蓉万仞高，四时佳景笔难描。
烧痕春入青无断，芳荫烟消绿半饶。

常有幽人觅居处，尽多胜地可逍遥。
将军烈气通山泽，草色轻寒独自天。



木兰山历史悠久，可追溯到隋唐时期，其间数次改名，曾经叫过牛头山、青狮岭、建明山，还有现在广为流传的名称木兰山。地方志中没有记载它何时改名，但从中可以发现，自明朝起一般就称为木兰山。现在这几个山名在当地人口中仍然可以听到，他们也讲述了这些山名的由来。

▲图 4-2　木兰耸翠（张静摄于 2014 年 11 月）

木兰山为什么叫牛头山，后来又改为青狮岭呢？木兰山三座山峰靠北的金顶和玉皇阁远看去就像牛的两只角，将军庙附近尹家冲的雷道平说远看木兰山像只趴着的狮子，所以有了这两个名称。在民间传说中，牛头山和青狮岭的名称则演绎出一则动人的传说：

木兰山最早叫牛头山，传说有一农家喂有一头很大的牯牛。这牛通人性，干活特别卖力，还能上山看羊看狗看鸡看鸭，不让凶兽叼走，主人就把它当成命根子。有头狮子想霸山为王，视这牛为眼中钉。一天，狮子看见这头牛在野外吃草，就想趁机吃掉它。于是偷偷地走过去，然后猛地向牛扑去。牛听见有响动，四下一望，见狮子正向自己扑来，忙把身子一转，头一偏，挖了狮子一角。狮子被触得晕头转向有些害怕，但它一心想吃掉牛，又扑了上去，牛又用另一只角挖了狮子一下，狮子的肚子被挖破了皮。狮子眼看斗不过就灰灰地溜了。传说水牛的角先前是笔直笔直的，经这左右一挖，用力过猛，就变成弯的了。

三年后，这头牛老了，临死的时候对主人说："我死了以后，你把我埋在山顶上，把头留在外面。"牛死了，主人很伤心，一五一十地按着牛的话办了。冇多时，露在地面外的牛头，越长越大，一下长起了一座山。人们将此山叫作牛头山。后来，那头狮子的伤好后又来了，看见这牛脑袋比自己大得多，心里还是不服，又"呼噜"一下扑过去。这时，观音菩萨看见了，脚踏彩云飘飘赶来，举起长鞭，狠狠地朝狮子抽打。边抽打边说："贼东西，你还想占山为王，我要你的命。"就这样狮子被抽死了，伏卧在牛头上。人们看不到牛头了，只看见死狮子，就把牛头山改为青狮岭。

到了唐初，羌胡侵犯中原，朝廷令朱木兰的父亲朱寿甫带兵抗敌。木兰毅然女扮男装，代父从军。凯旋回朝后，被封为贞烈将军。她不受朝禄，解甲归田，过着田园生活，奉养双亲。后来，人们为了纪念这位忠孝勇烈的巾帼英雄，又将青狮岭改名为木兰山。①

木兰山是湖北省著名的宗教圣地，佛道两教和谐共存，以南天门为界，上为道教，全部为全真派，下为佛教，主要为净土宗。木兰山宗教历史悠久，据《木兰山志》记载"隋打业初年前后，有明僧张良真来木兰山东泉庵修建庙宇，设坛传戒。几乎同一时间，冀人姬实云游到青狮岭，看中了今祁嗣顶的风水，再次修建宫观，传播道教……唐时，木兰山佛、道教的发展都很快"，贞观二年（628 年），双龙镇观音寺高僧醉月在木兰山西半腰修建了上古禅寺，这一时期，木兰山上兴建了大量佛道两教的庙宇。五代、宋元期间，庙宇屡遭战火，在僧道的努力下不断重建，至明清时期，木兰山的佛道两教的

① 艾家砚讲述，魏云乔 1980 年搜集整理，流传于黄陂长岭一带。《黄陂文艺》编辑部编：《木兰山的传说》，内部资料本，第 12—13 页。

▲图 4-3 牛头山（张静摄于 2014 年 11 月）

发展到了鼎盛时期，有“七宫八观三十六殿之说”，清代所刻的《木兰仙山万古常新胜景全图》中记载了灵官殿、竹林寺、准提阁、上古寺、下古寺、迎恩宫、三元宫、金殿等四十七座庙宇，与这一说法相去不远[①]。20 世纪 60 年代的“破四旧”的运动中，佛道两教的宫观庙宇被损毁殆尽，只剩下玉皇阁的石亭和木兰将军坊，僧尼道人被迫离开，宗教活动基本停止，到了 80 年代初才逐渐恢复，宫观庙宇在政府和信众的支持下得以重建，僧尼道人回到山上。现在佛教庙宇有：大雄宝殿、法藏寺、上古禅寺、华严阁、穿心灵官殿、准提阁；道教庙宇有：药王宫、文昌宫、回光殿、迎恩宫、木兰殿、朝天宫、斗母宫、报恩殿、帝主宫、三清殿、三元宫、古娘娘殿、古金顶、金顶、玉皇阁。

木兰山道教供奉的主神为真武，民间称为祖师爷，传说他曾在此修炼。木兰山金顶、古金顶和报恩殿一直以来供奉真武祖师。金顶位于木兰山东峰顶上，传说因始建时殿顶嵌有三片金瓦而得名，外

①《木兰山志》编纂委员会：《木兰山志》，长江出版社，2009 年，第 98—99 页。

▲图 4-4 玉皇阁（张静摄于 2014 年 11 月）

围有城墙，城门有石坊，正面刻有“金顶”二字，背面则刻有“帝庭”。正殿太和殿内供奉真武祖师及诸护法神像，后殿两仪殿供奉真武父母像。古金顶位于半山麓，因供奉真武祖师较早而得名，报恩殿则位于古金顶下，殿中供奉的真武祖师被称为报恩祖师，为报答父母恩情之意[①]。若比较磨针涧、好汉坡和迎恩宫，可发现木兰山道教建筑深受武当山的影响。木兰山上流传的木兰传说同样也融合了真武的传说，较为明显的例子即磨针涧的传说，山上有人说受点化的是祖师爷，也有部分人说是木兰将军。

木兰山不仅仅有佛道两教，其民间宗教也非常著名，特别是在湖北省武汉市黄陂、新洲，孝感市，黄冈市红安一带名气甚大，每年香客可达数十万。佛道两教的庙会从农历正月一直持续到腊月，多达近四十个。较为重要的有正月初五的财神会、初九的玉皇会、二月初八如来会、二月十五花朝会、六月十九观音会、八月初一开山门及亮子会、冬月十九太阳会。

①《木兰山志》编纂委员会:《木兰山志》，长江出版社，2009 年，第 100 页。

木兰山的宗教活动中，最为著名的是八月初一开山门和亮子会，规模大、持续时间长、仪式隆重、影响深远。关于“亮子”的来历有两种说法，第一种较为流行。

“亮子”不是菩萨的真实姓名，而是在朝山敬香中“响亮、漂亮、闪亮”的简称。“响亮”即朝觐者在其上山行进途中炫耀锣鼓唢呐诵佛声、此起彼伏鞭炮声、土铳声的响亮；“漂亮”即擎举的各色旗幡的壮观漂亮；“闪亮”即所抬祖师、灵官等金身神像在日光辉映下的闪亮。[①]

“亮子”实为“娘子”之变音，实际每年一度的盛大庙会最早是纪念木兰将军的。古时称女子为“娘子”。……所以，“亮子菩萨”实指木兰将军，由于年代久远，“娘子”音变为“亮子”。[②]

▲图 4-5　亮子会和香会（张静摄于 2010 年 9 月）

亮子会从八月初一开始，持续将近一个月的时间，以初一和十五两天最为隆重。朝山的香客有的与村中人或者亲属好友结伴而行，也有的会组成亮子会组织，从几十人到数百人不等，有的甚至可达数千人。据《木兰山志》记载，“明清到 20 世纪

①《木兰山志》编纂委员会:《木兰山志》，长江出版社，第115页。

②《木兰山志》编纂委员会:《木兰山志》，长江出版社，第115页。

▲图 4-6　亮子会和亮子菩萨（张静摄于 2010 年 9 月）

▲图 4-7　亮子会（张静摄于 2010 年 9 月）

40年代末，湖北省荆州、黄冈、孝感、鄂州等地市均有朝觐木兰山的亮子会组织”，“外省如河南省信阳、驻马店，安徽省六安、金寨，江西省九江，湖南岳阳”，“每年农历八月，朝山队伍多达四五十只”[①]。新中国成立前就在木兰山出家的迎恩宫展宗一道长回忆了当时他们招待香会繁忙的场景：

旧社会哪！八月初一到九月，到九月半才结束。亮子会啊，吃11天斋饭，临走吃一餐荤，它是来一个会香，在这住11天，规矩。一个会都带百把人，都是这一圈的。到七月出家人都下去拜客。哪个村来几多，哪个会香来几多，都到那拜客，写上头，到时候风雨无阻，都得来。菜买好了，米也弄好了，到那时候，再大的雨，他都得来。风雨无阻，来了他都烧香，他都带着亮子会的，红旗招展，打着家业，三步一磕头，五步一喊佛，那都底下走。各县都有，河南的也往这来，河南驻马店的也往这来，那跟武当山一样……我们师兄弟三个，各是各一家，谁也不管谁。你这个庙上收的人再多，你自己管，做饭的啊，烧水啊，百事，包这包那。……都招呼神啊，人家来烧香，我看香火啊，来人啊，陪着人说话啊，头人来，你不陪着说话？你这个会香没走，那个会香又来了。这底下塆子都住满了。木兰山住不下。一般一百多人，跟军队一样，一来都拿着旗子、鼓、喇叭，还驮着神仙。五百灵官，还有祖师爷，在肩上扛着，红旗招展的。……以前就是管他们吃啊，吃了由会香给他们算账撒。他们定了有日子的，每个会香的日子不一样，那没走这又来了。庙上给他们做饭吃，做菜做饭都是庙上的，吃了要钱，就跟开店一样。做法事，这儿有道士，叮当叮当，就找道士先生，道士先生不是出家人，都是在家人。在家人戴着道帽，穿上靴子，穿上八卦衣，在那唱啊。我们是道人，道士是正一派，我们是龙门派。我们请底下的塆子的，都是请挑水的、做菜的、做饭的，都是去底下请。到那时候，光陪着头人说话都说不及，都熬得吐血。原来人遭罪，来的人多，不分昼夜地。来一个会香住四天，在

① 《木兰山志》编纂委员会：《木兰山志》，长江出版社，第115—116页。

这住着烧香敬神咧，每天都敬把神啊，就下山，过了四天就下山，就回家了。[①]

▲图 4-8　开山门购买纪念品（张静摄于 2010 年 9 月）

木兰山在民间享有盛名，很大程度上与求子习俗相关。木兰山原有祁嗣顶、百子堂、娘娘殿，都与求子相关，在 1966 年均被拆毁。现仅有娘娘殿得以复建。祁嗣顶位于木兰山南峰山顶，传为木兰父母祁嗣之处，1966 年被拆毁。百子堂位于西峰玉皇阁内，供奉送子观音，殿内有一百个形态各异、活灵活现的童子像，另有信徒送来的泥人和木偶，求子之人可拿回家，若如愿生儿育女，必须准备厚礼来木兰山酬神还愿，同时还需要“以一还十”地送来十个小泥人或木偶。娘娘殿位于东峰山腰，供奉有三霄娘娘，主管求子、生子和孩子的平安健康，

① 展宗一讲述，张静 2010 年 6 月 27 日采录于木兰山迎恩宫。

殿内有摸鞋子的习俗，黄陂方言中，“鞋”同“孩”，祭拜仪式之后，信徒们在神龛下面摸出鞋子带回家，据说即可生子。木兰山还有一个风俗与求子有关，到山上朝拜的香客往往会买碗筷回家，意味着快快生子，过去有的人会在一双筷子上绑上一根红绳，系上一颗红枣，寓意早生贵子。

▲图 4-9 香客选购碗筷（张静摄于 2010 年 9 月）

木兰山还是红色文化根据地，黄麻起义后七十二英勇士转战此处，吴光浩、李先念等在这一带留下了战斗的足迹，这里也是中国工农革命军第七军的诞生地。黄麻起义失利，区党委和鄂东军领导人等在黄安木城寨开会，吴光浩提议到木兰山活动，得到大家响应。以吴光浩、戴克敏为首的七十二勇士于 1927 年 12 月 29 日转战木兰山，驻扎在木兰山的寺庙内，次年 1 月改编为中国工农革命军第七军，以木兰山为中心开展游击战争，取得了火攻罗家港、

▲图 4–10　亮子会家业班子（张静摄于 2010 年 10 月）

▲图 4–11　吴光浩雕像（张静摄于 2014 年 11 月）

除霸枫树店、镇压李波臣、鏖战金鸡坳、奔袭上戴家湾等一系列战斗的胜利，并与木兰山僧道和当地民众建立了深厚的情感。第七军在木兰山战斗三个月后返回黄麻，但是徐海东、詹才芳等仍以此为据点继续战斗，组织了“黄陂大队部”，发展人民武装。当年七十二勇士之一的陈再道回忆了他们转战木兰山、驻扎寺庙、惩办土豪劣绅的艰苦岁月；徐海东也回忆了起义失利后自己独自一人回到黄陂家乡成立游击队继续战斗的往事①。抗日战争和解放战争期间，李先念、陈少敏等领导的新四军和刘邓大军一纵队十九旅所属游击队，曾在木兰山一带进行了长期的革命斗争。新中国成立后，李先念、徐向前、王树声、陈再道等曾回到木兰山游览。他们的革命斗争和重回木兰山的故事也成为当地人津津乐道的传说。将军庙张保华的妻子谈起李先念在木兰山玉皇阁万昭虚道长的帮助下躲过搜捕的故事：

李先念被国军追捕，跑到木兰山玉皇阁，碰到了万昭虚道长。万道长连忙给了他一根木头要他在边上剁。国军追过来问万道长，万道长说已经从边上跑了。李先念得救，和万道长成为朋友。

万道长原本不是道士，他是木兰山脚下万家塆的人，能识文断字，是陈再道的秘书，和部队失去了联系，才跑到木兰山出家。②

木兰山在“文革”期间损毁严重，一片荒凉，20世纪80年代初期开始重建。1981年，当时的县人民政府决定开辟木兰山风景区，设立木兰山风景管理处，1983年9月正式对游客开放，并逐渐恢复宗教活动，宫观得以重建，自然景观得到保护，并修建了公路、停车场等一系列服务设施。1985年，木兰山古建筑群被认定为县级文物保护单位，1988年成为市级文物保护单位，2008年成为省级文物保护单位。现在木兰山风景区为国家AAAA景区，主要包括古庙区、地质公园、木兰花苑和避暑休闲区四大景区。

①《木兰山志》编纂委员会:《木兰山志》，长江出版社，第153—166页。

②张保华和妻子讲述，张静2010年4月16日搜集于黄陂尹家冲。

▲图 4-12　木兰山登山节（张静摄于 2014 年 11 月）

木兰山不仅风光秀美，地质景观也非常独特。木兰山“处大别山碰撞造山带的南缘”，“有分布广泛、保存完好的蓝片岩、红帘石等地质遗迹”[①]。《木兰山志》中记载“石景区景点”共 19 处，其中 18 处为地质景观。另外还有数十处分布在山上的古庙景区和避暑区，统计共有 30 多处。2005 年，木兰山地质公园通过省级评审，同年 9 月通过国家评审，公园包括木兰山风景区和周边的木兰湖、木兰天池等景区，面积 340 平方公里。风景区专门修建了地质博物馆，于 2008 年 3 月正式对外免费开放。怪石林立，雄奇险峻，有“两崖、四井、八洞、十二石”，较为著名的有舍身崖、风洞、棋盘石、脚板石等，这些景观的背后都有美丽动人的传说，其中不少与木兰相关[②]。

①《木兰山志》编纂委员会:《木兰山志》，长江出版社，第 169 页。

②《木兰山志》编纂委员会:《木兰山志》，长江出版社，第 21—25，27—28 页。

▲图 4-13　木兰山岩石（张静摄于 2014 年 11 月）

▲图 4-14　木兰山岩石（张静摄于 2014 年 11 月）

笔者曾经在2004年和2005年对木兰山进行短暂调查，主要是搜集了一些文献资料，后来在2010年初开始在木兰山周边地区展开调查，并于当年6月至8月居住在木兰山展开了细致的田野调查。在风景管理处工作人员的协调帮助下，我住进了停车场附近的满春菜馆，这里由何满春夫妻打理，有一个餐厅，也有住宿。当时正值暑期，山上住了许多前来避暑的老人，房屋紧张。但满春夫妇对我特别优待，将我安排在顶楼，那里只有两个单间，人少安静，非常适合我。菜馆包食宿，每天清晨，我和老人们一起吃完早餐，然后就去古庙区采访，中午回来吃饭，下午继续调查或者整理资料，晚饭后在山上散步，借机和山上工作的当地人聊天。我走访了木兰山上16座道教宫观、3座佛教庙宇，采访了数位道人和5位僧人，并从他们手中借阅了珍贵的文献资料。此外，我还采访了在木兰山常住的当地人，他们主要来自木兰山脚下的张家冲、将军庙一带，其家族往往世代在木兰山做生意，许多人在木兰山开始重建的时候就返回山上，持续至今。他们或者在山上看守各个机关单位修建的疗养院或宾馆，或者在庙内帮工，或者开店，或者摆摊售卖旅游纪念品、香蜡、黄表纸等，或者摆摊算命、开设游览项目。在近两个月的时间内，我采访了所有能采访的生活、工作于山上的佛、道教徒和当地人，搜集整理了仍然活跃在他们口头的有关木兰的传说，这些传说有的涉及木兰与木兰山的关系，但主要是关于木兰的，她在木兰山学艺和与妖怪斗法的故事特别生动精彩。本章参考了出版于20世纪的两本传说集《木兰山的传说》和《神奇的木兰山》，主要用于介绍与木兰相关的风物和地名。

## 木兰与木兰山

木兰山与木兰将军的关系显而易见，但是到底谁以谁命名确难以考证。《神奇的木兰山》中介绍“木兰山古称牛头山、青狮岭、建明山，后易名木兰山。北齐时曾在山北设木兰县，县名取此”。明朝辽东巡抚张涛的《题建木兰山将军庙奏疏》（万历三十七年，1609年）中明确提到“木兰山”，同时代的作品也都是说木兰山，可见，至少在明代木兰山的名字就固定下来了。无论两者关系孰先孰后，可以肯定的是，木兰山因为木兰将军而声名远播名震海内外，而木兰将军也因木兰山在宗教和文化方面保持着活力。清代徐承颐有诗歌云：

未有木兰先有山，山名偏借木兰补。
木兰名与山俱存，山并木兰争万古。

许多当地人都认为木兰山是为了纪念木兰将军才改名的，如王友娣和张大松都这样说：“很早很早以前，这个场不叫木兰山，叫青狮岭，望我们这个木兰山，像个狮子的形，你在底下，山下看，它是狮子，叫青狮岭，不叫木兰山。后来又说，这里出了个木兰将军，在朝廷里封了职，这个场子出了这样个人，所以叫木兰山。”①

木兰与木兰山的关系至少可以追溯到唐代，大诗人杜牧在任黄州刺史期间（会昌三年，843年）游览木兰山，留下《题木兰庙》一诗：“弯弓征战作男儿，梦里曾经与画眉。几度思归还把酒，拂云堆上祝明妃。”唐代中期已有木兰庙，那么相应的木兰信仰也应存在。但是此木兰庙具体指的是现在的木兰殿还是将军庙或者是其他庙宇则无从考证，同样，也没有资料表明当时的木兰庙和木兰信仰的宗教属性。

木兰在木兰山上不是一个普通人，而是被奉为神，归属于道教。至少到明代，木兰已被纳入道教体系。明万历三十七年（1609年）张涛奉敕重建木兰山时所写的《题建木兰山将军庙奏疏》中记载：“湖广省黄州府黄陂县木兰山，乃真武修炼之所。唐节度使朱异家于其下，其女代父出征，功封木兰将军，启建祠宇于其上，并立真武庙，貌世远年湮香火颓废。”②由此可见，木兰将军家在黄州木兰山附近，父为朱异③，初唐人，这种说法至少在明万历年

①张大松讲述，张静搜集，2010年7月28日，黄陂木兰山玉皇阁内。
②[清]刘昌绪、徐赢：《黄陂县志》卷六，同治十年（1871年），第148页。
③在黄陂，木兰父亲的名字有几个，一般叫朱寿甫，也有书面记载为朱异，寿甫为其字。

▲图 4–15　木兰殿（张静摄于 2012 年 5 月）

间就固定下来，流传至今。若当时庙宇已经荒废，那么其历史应该较为久远。根据张涛的说法，木兰及其信仰与道教的结合应该是非常早的。

现在木兰山道教徒珍藏了四部有关木兰传说的经书，用他们的话说是“老书”，分别为道教传本《木兰传》、《木兰宝传》、《木兰忠烈将军救世真经》（简称为《忠烈将军救世真经》）、《清微木兰将军醮科》。《木兰宝传》应为《木兰宝卷》，在黄陂方言中，“卷“与“传”发音同为“zhuàn”。道教传本《木兰传》与清代小说《忠孝勇烈奇女传》目录和内容完全相同，与《木兰宝传》内容基本相同，但体例不同，后者为说唱文学，讲唱结合。在这三部书中都说木兰原为木兰山灵，受上天派遣下凡，助唐朝李氏建立功勋，最终飞升为仙，于上界乐享尊荣。

▲图 4-16 《木兰宝传》封面（张静摄于 2010 年 8 月）

《忠烈将军救世真经》和《清微木兰将军醮科》为 2003 年和 2004 年的手抄本，在木兰山已经流传多年，现在若有信众要求，仍可举行仪式演唱。在这两部道教经书中，木兰一般被称为“木兰将军”或“将军”，同时也作为道教神仙出现，并有自己的庙宇和封号。《忠烈将军救世真经》中，木兰坐镇忠烈将军庙，被尊称为“忠烈将军”和“救世天尊”。而在《清微木兰将军醮科》中，庙宇换成了“大千大慈大显大圣木兰将军祠”，被尊称为“忠孝勇节文武将军”。《忠烈将军救世真经》有一部分专门介绍了木兰的经历，较为详细，而《清微木兰将军醮科》则是在赞颂木兰的大段文字中透露了木兰的少许信息。

《忠烈将军救世真经》全名《木兰忠烈将军救世真经》。开头的《忠烈将军宝诰》介绍了木兰不同凡响的身份：

▲图 4-17 《木兰宝传》（张静摄于 2010 年 8 月）

女中杰仕，天上真仙，降生于唐代，今显于熙朝。虽兄亡而弟幼，能孝而尽忠全。面军书于绣阁，二六卷触目惊心。驰□[①]马于沙场，十三年替爷报国，金□[②]侍时，边陲肃穆。铁衣展处，贼寇归降。辞爵禄而返故里，气壮山河。全贞节以列仙班，光争日月。大悲大显，大圣大慈，威灵远振，忠烈将军，敕封救世天尊。

随后正文部分："忠烈将军，在忠烈庙，升光明座"，应七位属将（张万坪、张德官、木之易、李之材、童侍恩、黄衣、郭东）之请，"说经书以劝化人心"，以第一人称的语气讲述了自己的经历："吾之来历非小，乃太上将星，自昔降生唐代，朱宅脱化女身。八月十五出世，祥光招摇门庭。父（讳）寿甫，为朝廷节度使，母亲赵氏夫人，长兄全忠阵故，小弟孺生年轻。突厥无端作乱，唐王召父领兵。父衰难胜其任，吾才女扮男形，代父从征。功大钦封尚书荣身，当时辞归故里，一心一意守贞。磨针老母点道，限满才得成真，仰蒙上帝大德，敕封救世天尊。"

▲图 4-18 《朱木兰真经》（张静摄于 2010 年 8 月）

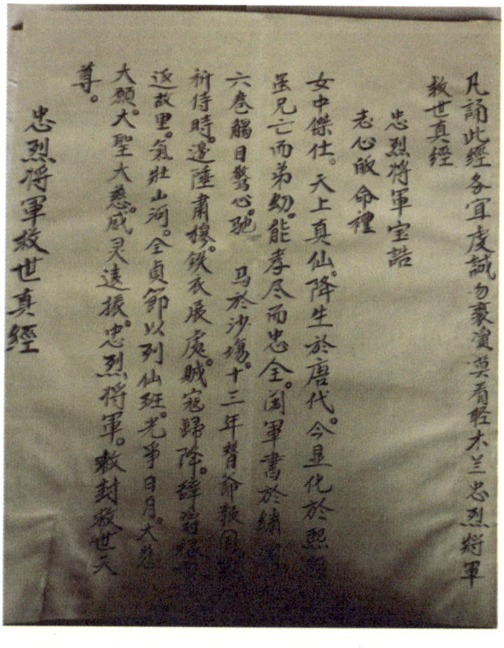
凡誦此經务宜虔誠勿褻瀆莫看輕木兰忠烈将軍
救世真经
忠烈将軍宝誥
志心皈命禮
女中傑仕。天上真仙。降生於唐代。今显化於熙朝。
虽兄亡而弟幼。能孝尽而忠全。阅軍書於绣阁
六卷觸目驚心。驰 马於沙場。十三年替爺報国
祈侍時。邊陲肃穆。铁衣展處。賊寇歸降。辞爵
返故里。氣壮山河。全貞節以列仙班。光争日月。大悲
大顯。大聖大慈。威灵遠振。忠烈将軍。敕封救世天
尊。
忠烈将軍救世真经

▲图 4-19 《朱木兰醮科》（张静摄于 2010 年 8 月）

① □处，原文不清晰。
② □处，原文不清晰。

《忠烈将军救世真经》作为道教经典，其中木兰是以道教神仙的形象出现的，她替父从军的经历只不过是人间历劫修行的一部分，最后被上帝敕封为救世天尊，地位崇高、护佑一方。木兰山道教庙宇中，与木兰有直接紧密关系的有祁嗣顶、木兰殿和磨针涧。祁嗣顶传为木兰父母祈嗣之处。此说法由来已久，《木兰古传》开头即介绍：

木兰将军，黄郡西陵人也，姓朱，父寿甫，母赵氏，无子，祷于建明山。赵氏梦山神抱一女入室，曰："此将星也，三国末坠诸葛营中，自土宇分裂，三辰失形，久隐此山，今付汝家。黄有四泽，泽气多女，故不能男。后二十年当显于世。"遂有娠，如期生女，是为木兰。①

该文作者与写作年代不详，文中建明山为木兰山古称，改名时间没有明确记载，但同被收录在《木兰志》的其他文章，包括明朝的张涛、屠达等人均称木兰山而无称建明山的，可以推断，此文的历史可能较为悠久。为了纪念木兰父母，乡民曾在木兰山南边的山峰上修建宫观，并命名为祁嗣顶，为道教丛林之一。在黄陂，木兰是她父母在木兰山求来的这一传说流传得非常广泛，这也是木兰山求子习俗兴盛的内在动因。

祁嗣顶原有宫观非常壮观，在 20 世纪 60 年代被拆毁，现在建有微波站。祁嗣顶属道教，原祁嗣顶有三重殿，包括八仙殿、三清殿和娘娘殿以及附属的客堂、厨房等，面积达 1600 平方米，是当时木兰山最宏伟的建筑。清同治《黄陂县志》有一篇由当地人张安庆所写的《承欢祠记》，叙述了乡人感念木兰父母生木兰，彰显孝道而修建庙宇的过程。

……同治壬戌……诸君倡建自新堂，兴诸善举，凡忠孝节义之有关风化，必公请建坊入祠焉……去年秋……之木兰山，山中小住数日，偶登高峰，见山南里许，层峦翠嶂，耸若列屏，危墙隐隐露焉。土人告

①张安庆:《承欢祠记》，见[清]刘昌绪修、徐赢编纂:《黄陂县志》卷七下，同治十年(1871 年)，第 149 页。

余曰，此祁嗣顶也，即木兰将军父当日祁嗣处也，余记之，次日协同人往游，至则兰若尘清，佛龛篆袅，内一椽供奉将军。与在山半者无异，余慨然曰："将军父祁嗣而生将军，今将军香不绝，不闻有壶酒双蹄为将军父母奠者。揆诸替爷报国之心，殊有未慰，昔宋贤两程夫子，诞降于兹，载在祀典，既已飨及其亲，以后例前，与将军亦宜然，偕游者咸是其言。归商蒨园封翁。翁曰："此堂中责也，近来忠孝节义，由堂中呈请表扬者，不下数百，独不能为将军父母建一祠，以慰将军孝思乎！"陈君星海闻之，踊跃赞成，同前游览诸君，暨袁君端甫，再于山顶经营其事，相与邀张君福波，张君仍房，游君金阶。潘君竹屏，筹资建祠于祁嗣顶，正殿一楹中，奉将军父母像，将军侧坐，两童侍焉，左右两廊，一奉从军七将位，一作马房。基接古佛殿之后，颜曰："承欢祠"，于是年十月鸠工庀材，至腊月告成，邑之人称快，而将军在天之灵，庶无歉矣！嗟呼！将军行在伦常，事由至性，为天下人所矜式，即天下人所当敬奉，倘得当事奏请于海内，建祠奉祀，则邀而孝德愈彰，经表扬而观感益众，是祠发端之始耳！是为记。①

木兰殿在牛头山东侧山腰的开阔地带，为专门供奉木兰的庙宇。关于为什么木兰殿坐落在山腰有两种说法：其一，真武祖师爷是神，但木兰是人，不能到山顶；其二，传说木兰和祖师爷下棋，木兰输了，只好到山腰。传说说明并强调了木兰的身份和地位。木兰殿内供奉三座木兰将军像，正中为戎装坐像，左侧为闺阁钗裙像，右侧为手牵明驼戎装像，分别代表了木兰少女、从军和凯旋三个时期的不同形象，浓缩了木兰的一生。现在殿内左右两侧墙壁上悬挂了十二幅画像，配以《木兰辞》，展现了木兰由闺阁少女到英勇战士，再回归家庭的传奇一生。木兰殿前有"忠孝勇节牌坊"，为石雕建筑，高约5米，宽约3米，正面刻有"忠孝勇节"四字，背面刻有"唐木兰将军坊"。将军坊样式古朴，基本利用原有材料复建，可惜将原本在正面的"唐木兰

① [清]刘昌绪、徐赢:《黄陂县志》卷七下，同治十年(1871年)，第154—155页。

将军坊”移到了背面。将军坊石雕精美，不同于一般雕刻，这里双凤朝阳在上，二龙戏珠在下，彰显了木兰作为女性的伟大功勋和气节。根据道教传本《木兰传》和民间传说，该庙宇和牌坊为尉迟恭奉唐太宗李世民旨意所建。

在民间传说中，有关木兰殿的修建则有一段故事：

木兰将军登仙以后，木兰山方圆九九八十一个塆子的乡亲，纷纷捐粮献款，要给这位忠孝勇烈的巾帼英雄，修一座宫殿，叫木兰宫。千字有个头，万字有个尾，修宫殿，由哪个来承头呢？大家正在挑选时，雷祖殿的坛真和尚毛遂自荐揭了榜。

根据众人的意见，宫殿的地址选在木兰将军生前练武习箭的地方。这地方宽敞向阳，四时花香，要说好呢，木兰山再也没有哪里能好过这里了。靠东首有麻石咀，打不完用不尽的麻石，靠南有东泉井，能提水和泥烧瓦。乡亲们自告奋勇凿石、取水、烧瓦。可是烧出的青瓦要上釉烧成琉璃瓦，山上又没有这个条

▲图 4-20　唐木兰将军坊 背面（张静摄于 2014 年 11 月）

▲图 4-21　忠孝勇节牌坊 正面（张静摄于 2012 年 5 月）

件，坛真和尚发愁，乡亲们也着急。一天清晨，忽然听到井边有流水哗哗的响声，坛真和尚出来一看，只见井口向外翻滚清泉，泉水金光闪耀，涌向堆瓦场，很快就将烧成的青瓦淹没了。不一会水退了，再一看，青瓦都变成碧绿碧绿的琉璃瓦，还有上了黄釉的兽图、鸟图，光洁晶莹。他又惊又喜："这一定是木兰将军显圣，天赐我成功。"

第二天，坛真和尚请来八十一个匠人，一百六十二个伙计，破土动工修建木兰宫。木兰山所有庙宇的墙壁都是干砌，砌得平整、笔直。木兰宫也是干砌的山墙。墙脚一下，没有木料做列架，滠水放排一时回不了，怎么办呢？坛真和尚打算下山找乡亲们想办法。走到东泉井边，一看，一棵又粗又直又光的大杉树从井底冲出来。扑通一声，倒在井旁边。半个时辰就冲出了八八六十四棵。眼看大树还在一棵一棵往外冲，坛真和尚眼也红了，心也动了。心想：像这样冲个十天八夜，还招架得住？不妨趁别人不晓得，卖它一些。想罢，就往山下跑，找到了张财主，一下子卖掉了五十棵。坛真和尚回到井边，井水再也不翻滚了，一棵大树卡在井口一动也不动。他跑上前，抱住大树，使劲地摇，摇着摇着，突然一声巨响，大树冲出井口，不偏不歪正倒在坛真和尚身上，鲜血流了一地。

匠人们听到东泉井边的嘈杂声，晓得出了事。天麻麻亮，人们来到井边，见坛真和尚手拿财主买树写下的欠条，躺在一棵大树下。人们一下都明白了，都说："人哪，就是不能黑着良心做坏事，做了坏事，连树木都不会饶恕。"①

磨针涧在玉皇顶所在山峰较低的位置，传为磨针老姆点化木兰之处。传说中木兰学艺懈怠，偷偷溜出来游玩，碰见有人在水边磨针，一番对话教导之后重新开始勤学苦练。

在木兰山招待所下面的山坡下，有一口银光闪闪的水池。水池周围，布满了红色马背石。这就是古往今来被人们广为传颂的磨针涧。

磨针涧这个名字是怎么得来的呢？

相传，木兰将军的母亲是一位能纺善织的巧妇。她纺的纱比蚕丝还要坚韧纤细，织的布比彩虹还要灿烂夺目，连天上的仙女见了也赞叹不已。一天深夜，木兰将军的父亲捧着一匹匹绫罗绸缎，望着熟睡的小木兰，对妻子说："孩子已满九岁了，把祖传的手艺教给她吧！"妻子点了点头："好，从明天起，我就先教她纺纱！"

第二天，木兰遵照母亲的指教，摇着父亲特制的小纺车，纺呀，纺呀，纺了小半天，眼搅花了，腰坐痛了，手也摇酸了，可棉条怎么也纺不成纱。她心里一烦，把棉条丢掉，阴阴地②到山下玩石子去了。双亲劝导她，她眼泪巴巴地说："太难学，我学不会，不学了！"老人见女儿怕难贪玩，恐难成器，心里十分焦急。

①《东泉神井》，李钦高整理。选自《黄陂文艺》编辑部：《木兰山的传说》，内部资料本，第59—60页。

②阴阴地，方言，瞒着，偷偷地。

这天清晨，小木兰又阴阴地往山下跑去。忽见父亲在泉水涧边的一块红石上磨什么。她走近一瞧，惊奇地问：“把它磨成针！这么粗个铁棒能磨成针吗?”“古人说，只要功夫深，铁杆磨成针，想办成一件事，怕难还行?”父亲揩了揩满头大汗，又“沙沙沙”地磨了起来。

木兰人虽小，心可灵啦！她望着父亲苦心磨针的身影，心里觉得很羞愧。她一口气跑回家，摇着纺车，学了起来。摇酸了，忍一忍，有时忘了吃饭，有时觉也忘了睡。一连七七四十九天，小木兰学会了母亲传授的纺织手艺！她纺的纱同母亲纺的一样，比蚕丝还坚韧纤细，她织的布同母亲织的一样，比彩虹还要灿烂夺目，邻人见了无不夸奖。

木兰代父从军，被誉为将军后，当地人将这个水池取名为磨针涧。为了教育后人，人们还在磨针涧旁边的山坡上，修建了一座磨针涧殿哩！①

该传说是中国民间传说中一个常见的类型，诗人李白和真武大帝都有类似的传说。木兰山的道教徒强调受点化的是祖师爷而不是木兰，可以推断该传说可能来自真武修炼的传说：

(祖师) 就不想修行啦，菩萨就来点化他，点化真武老祖，点化他咧，她就拿个铁棒在这里磨针，磨针哩，他那个小伢们，八岁，真武老祖，他说：“老太婆，你在磨什么呀？这粗的铁棒。”她说：“我磨绣花针啊！”“磨绣花针，何年何月磨得成功?”她说：“只要功夫深，铁棒能磨成绣花针！”功到自然成，是这样的。他把这话一听，就知道是点化他，他就上去啦。又上去了，又去修。修了四年，他又不想做了，他还是想玩，修行好苦啊，过去吃的也没有，你知道没有？现在住的还是好庙咧，过去住的山洞里，吃的还要去化缘，知道没有？根本就没有吃的，吃的野菜，没有大米饭吃的。人家就好造孽，那他就吃不下去，再加上哩，修行，修行，要修自己的心，要把自己的那个心肠修好，还要修参禅打坐的事情，

①杜有源、曾宪菊1973年搜集整理。选自《黄陂文艺》编辑部:《木兰山的传说》,内部资料本,第23—24页。

你知道没有？他就吃不消啦，再加上又没有人点化他，过四年后他又想下去了。菩萨又知道了，就又问他，他说："婆婆，你这个绣花针磨到多少年哪？"她说："功到自然成!"他就又上去了，修了四十二年，在那个金顶上面。①

## 木兰的传说

木兰山上仍然流传着大量鲜活而生动的木兰传说：神奇的出世、传奇的军旅生涯、悲壮的结局：

1. 木兰山和木兰将军，木兰山原来叫青狮岭，后来为了纪念木兰将军改名为木兰山，木兰山得名于木兰将军。

2. 木兰将军姓朱，是当地人，出生在姚集的大城潭，以前叫双龙镇。

3. 她的父亲朱寿甫和母亲（赵氏夫人）年过半百无子，到木兰山求子，后来有了木兰。

4. 木兰有两个师父，丧吾和尚和铁冠道人。

5. 狐狸精胡秉池夜闯木兰卧室，她用铁冠道人送的宝剑斩断了他的一条腿，两人结下仇怨，胡秉池被称为独手大仙。

6. 木兰替父从军，立下很多战功。

7. 她遇到了花阿珍，后者对她心生爱慕，两人订婚，战争结束后同回木兰山。后来木兰向阿珍说明情况，两人结为姐妹。

8. 朱木兰是当地人，她后来改名花木兰或者是和花阿珍两人搞混了，才导致了现在的争论。

9. 出征前，木兰嫂子和木兰打赌，将红布埋在土里检验贞洁，嫂子使出诡计，木兰输了，无奈之下剖腹洗心以证清白。这是仙河和剖腹台的由来。(异文为木兰被人诬陷谋反。)

10. 她的血水使河水倒流一里，这是一里河的由来。

11. 木兰死后，花阿珍到木兰山修行，就在现在的木兰殿。

12. 棋盘石的来历，木兰与祖师爷下棋，祖师爷或者木兰快输了，脚一蹬，石头裂开，祖师爷连忙

①董师傅讲述，张静 2010 年 7 月 2 日于黄陂木兰山磨针涧搜集。

用鼻涕把它粘住。

13. 铁屎墩的来历，木兰将军出征之前，连夜造铠甲和兵器，剩下许多铁屎，村子因此得名。

和大城潭、将军庙一带的村民类似，木兰山上的僧道和其他人认为木兰将军姓朱，是当地人，出生在姚集的大城潭，以前叫双龙镇。

他（木兰祖父）有两个名字，朱盈川是他上学的名字，这个朱虚若是他的道号，他呢，是一个，她的祖父是一个孝廉啊，过去孝廉是很了不起的！……他，有多大哩？这个，唐朝时候咧，她祖父，是一个千户侯，千户侯就管一千家，木兰山附近这庄子都归他管。木兰将军的父亲咧？就叫朱天禄，她的叔叔叫朱天锡。①

木兰山一带的传说都强调，木兰是她的父母求来的。她的父母年过半百无子，到木兰山求子，后来终于生了木兰。

▲图 4-22　祁嗣顶 1（张静摄于 2014 年 11 月）

① 许信慧讲述，张静 2010 年 7 月 7 日搜集于黄陂木兰山斗姥宫。

在当代人的口头传说中，类似的文本仍然具有很强的生命力，斗母宫的许信慧讲述：

按我们古代的书上传下来，朱天禄，她的父亲，就是将军，那都算朝廷的，就是说，重臣，那就是说，历代为朝，为国做贡献，就是说咧，到她老子手上咧，年近半百，没有子女。就是对面的祈嗣顶啊，就信佛信教啊，求神拜佛，说，不管求得一男半女，就是说现在一子半女，他就修庙宇，重塑金身，他是这样许诺的。①

在人们口头的讲述中，木兰出生被赋予浓厚的神秘色彩，这位千古传奇的英雄自出生就不同凡响，有人说是天上真仙下凡，有的说是金凤入怀，有的说是玄帝送子，有的说是哮天犬转世，也有的说是观音菩萨的一滴血变成的。其中较为常见的是玄帝送子，玄帝即真武大帝，是木兰山供奉的主神，据传说他曾经在木兰山修炼过。

木兰山附近的人们，都管木兰山的南半山叫祁嗣顶，所谓祁嗣，就是向神求得子孙的意思。

祖传，木兰的父母亲，经常来这里烧香祁嗣，才生下了木兰这个奇女。

早在唐朝时期，离木兰山不远的双龙镇，住着一条汉子，名叫朱天禄，为人厚道老实。妻子杨桂贞，是知县杨庭臣的姑娘，是个少有的贤淑女子。两人相亲相爱，互待如宾，好得像一个人，可就是都三十出头还没生儿育女。

经观音寺中醉月和尚的指点，朱天禄和杨桂贞经常带上香蜡纸钱，到木兰山焚香祭神，求菩萨保佑，给朱家进个喜。他们来木兰山烧香祁嗣已有三个年头。一天朱天禄照旧买来香蜡纸钱，来到木兰山的南半年山的庙里烧香祁嗣。祁嗣完毕，他十分疲劳，就来到一棵木兰树旁靠着，坐在那儿打了个哈欠。

他望着木兰山的那些稀奇古怪的石头，望着一座座非凡的庙宇，望着漫山遍野的翠竹野花。一会儿，

①许信慧讲述，张静 2010 年 7 月 7 日搜集于黄陂木兰山斗姥宫。

▲图 4-23　祁嗣顶 2（张静摄于 2014 年 11 月）

花丛中走出一个人来，这人带着笑意，由远至近，来到朱天禄身边。哦，朱天禄认出来了，他就是玄帝！玄帝问朱天禄："你认得我吗？"朱天禄忙点头："我认得，您是玄帝也。您找我有什么事吗？"

接着，玄帝告诉朱天禄，说唐室即将兴旺，上帝要选真仙下凡，为唐室建立奇功，念他夫妻诚意祁嗣，打算将这真仙降落他家。并要他善管善教，让她多习书文，勤操武艺当盛代奇人。朱天禄喜之不得，忙说："请玄帝爷放心，只要降落我家，不管是男是女，定要好好教养，让其成龙成凤。"

玄帝见朱天禄答应了他的请求，就手捧一个小孩，递给朱天禄，朱天禄连忙跪下，郑重地接过小孩。过了一会，玄帝走了，接在手中的小孩也不见了。朱天禄急了，向玄帝追喊："玄帝爷，您莫走哇！您赐给我的孩子呢？"

不管天禄扯着多大的嗓门喊，玄帝连头也不回，他急得直跺脚，使劲拍了一下脑门，这才清醒过来，原来却是一场梦。

回家的路上，朱天禄只是回过头去看看那棵木兰树，一直舍不得刚才那个好梦，他巴不得那梦能够应验。一进家门，他就把刚才做的梦告诉了妻子。梦刚讲完，怀着身孕的杨桂贞就发作了，朱天禄急忙去请来接生婆。

夜幕降临了，坐等在堂屋的朱天禄，突然感觉到四壁放亮，满屋生辉，一股香味直朝鼻孔窜。他正觉奇怪，接生婆从房中出来，向朱天禄道喜，恭喜他生了个如花似玉的姑娘。①

▲图 4-24　祁嗣顶双龙戏珠石雕遗迹（张静摄于 2014 年 11 月）

在现在的木兰山道教徒的口头讲述中，木兰来历不凡，是天上真仙转世的说法仍然非常盛行，但是他们往往加上了自己的创作。许信慧接着木兰父母祁嗣的传说后讲述了木兰是哮天犬转世的传说：

玉皇大帝就是说：“这是为地方上做贡献的忠臣啊，重臣啊，看谁愿意，下去为他作儿作女？看有哪个愿意，思凡下界的啊？就下去啊，为国作了贡献，

①万召书讲述，王汉青 1964 年搜集于木兰山。选自王汉青主编：《申请的木兰山》，广西人民出版社，1985 年，第 32—34 页。

就马上上来封神啊。”太白金星一查，没有人去，就是查到一个哮天犬，就是说有人举荐。他说：“哮天犬，但是它是一只狗，还没有得到封神，有修行，但是没有得到封神，就让它下，投胎，再转来就封呗。”从那以后，好，她（木兰）的父母就求得她。[①]

▲图 4-25　祁嗣顶 3（张静摄于 2014 年 11 月）

而法藏寺的圣明和尚则在讲述的开头说木兰将军是观音菩萨的一滴血变的：

木兰将军她是属于道教，但是她呢，拜了佛教的师傅，也拜了道教的师傅。……那关于她的传说是说，观音菩萨在仙宫里面跟天神斗法的时候撒，是用手指头呢，弹，弹动了那个厅柱，弹的时候呢，因为用力过猛，手指呢，就出了血，落了一滴血，就落到人间来了，她妈妈呢，正好那时候呢，就是求子吧，口正张着看天上吧，那一滴血就落到她口里去啦，然后就怀孕了，后来就生了木兰将军。木兰将军出世以后，她从小就是非常聪明，就是灵童。在那个庙上听

①许信慧讲述，张静 2010 年 7 月 7 日搜集于黄陂木兰山斗姥宫。

别人讲那个佛法的时候咧，就能够对那个偈子。这个你知道撒，那个偈子的具体内容我不记得，这个你要去看那个文献参考。别人就说她是个灵童。[①]

他的文本无法找到其他类似的讲述，但明显受到了佛教传说的影响。

也有传说认为木兰得名与木兰花有关。木兰山上古禅寺后，有棵古木兰树，树龄近五百年，高近十米，树冠近五十米，每年三四月开花，色彩红艳。

朱天禄抱过刚落地的女儿，女儿直勾勾地望着他，不住地发笑。夫妻俩喜得一夜没合眼，心里揣摩着，这三年去木兰山祈嗣的功夫没白花，得谢谢天帝的恩德，谢谢那棵木兰树。

▲图 4-26　木兰钗裙像（张静摄于 2012 年 5 月）

①圣明讲述，张静 2010 年 6 月 29 日搜集于黄陂木兰山法藏寺。

第二天早晨，浓密的云雾还在四周环绕，朱天禄就带着香蜡纸钱，外加挂爆竹，来到木兰山祁嗣的地方，点着香，燃着蜡，烧完纸钱，接着就“噼噼啪啪”地引着了爆竹，等他再回头看昨天靠着打瞌睡的那棵木兰树，真怪！木兰树刚才还全是青枝绿叶，突然间就开满了沁人心脾、色彩绚丽的鲜花。

回到家里，朱天禄把这两天所发生的怪事儿告诉了家里人，告诉了观音寺的醉月和尚。醉月和尚说：“你女儿的降生，意味着木兰树开放着的鲜花。这些都是玄帝的安排。依我看，干脆把这女儿取名为‘木兰’。”

由此，朱天禄夫妇就把这个美丽的姑娘取名为木兰了。

木兰女扮男装，替父从军后，木兰的母亲继续来木兰山的南半山里烧香祁嗣。又过了三年，木兰父亲的病也慢慢好起来。朱天禄五十岁那年，妻子生了个男孩。朱天禄就继木兰女的名字，将木兰的弟弟取名为金兰。事后人们把朱天禄夫妇老爱去烧香祁嗣的那个庙取名为祁嗣顶，把那整个南半山也统称为祁嗣顶了。这正是“通玄帝奇女降世，逢吉日木兰花开”。①

木兰身上体现出了儒释道三教合一的状态，这在她的师承中表现明显，她的祖父朱若虚本为孝廉出身，与唐太宗李世民手下一干谋士、大将关系密切，代表儒家思想，木兰的精神被概括为“忠孝勇烈”或“忠孝节烈”，这正是儒家思想对人的最高要求；她的第一位师父观音寺的丧吾和尚代表佛教，教导木兰文韬武略，此外将军庙在被破坏以前一直由尼姑驻庙祭祀；木兰的另一位师父木兰山铁冠道人代表道教，指导木兰学习法术和修行，此外木兰庙宇木兰殿，属于道教。丧吾和尚传说是隋末南阳总兵伍云召，兵败后他逃到大雾山修行。他的故事在小说《木兰传》中有记载，来自河南信阳的迎恩宫展宗一道长非常清晰地讲述了丧吾和尚的传说：

伍云昭，他是在河南南阳，当大总兵，是在隋炀帝（那朝）。伍云昭他爹，要他保隋炀帝，他不保，他骂隋炀帝，隋炀帝就把他爹打死了，他就举家反朝。后来逃跑……伍云昭一放跑……去当和尚，就起个名字叫丧吾和尚。丧吾和尚就到湖北，到大雾山，大雾山底下有个开店的，一个韩老头，吃斋，修行，他有一箱子书，他对着他的老婆说：“我死了，这一箱子书。（此段含糊不清，大意为有人会到家里来）你问他姓啥，我把他的名字写上头，在箱子顶上贴倒，他要是跟箱子上这个名字一样，就让他背起它走了，去大雾山开荒，要供给他吃。”这是这个姓韩的老头对他老婆说的。这个老头死了，这个老婆跟两个小孩子就都到大雾山开荒。伍云昭就从河南，一逃难，就当和尚了，就起个号叫“丧吾和尚”，

①万召书讲述，王汉青1964年搜集于木兰山。选自王汉青主编：《申请的木兰山》，广西人民出版社，1985年，第32—34页。

跑到湖北大雾山……就住到那个店里了，一问："姓啥?"伍云昭当和尚起个号叫丧吾，丧吾和尚。那个（韩老）先生死的时候就说，只要是书上写的那个封条上的人，对着号了，就别让他走了。她（和尚的老婆）说"你看看"，丧吾和尚一看，那个书上写的是自己的名字。她就说，那你就上山上开荒，俺两孩子给你送吃的。伍云昭一箱子书看两三年，看过来看过去也没看到啥效果，就说过八月十五，伍云昭就想到当南阳大总兵，威风煞气的，他爹娘，全家被抄了，伍云昭就哭开了，他一哭，那个姓韩的老头家里，一屋子白气，就入伍云昭的内了，到了伍云昭身上去了，伍云昭就得道了，就搁那修成了。得道了就化缘修庙啊，在住的地方开荒，住的是茅庵，修庙要化山，山都归员外了。他就成天拿个木鱼敲敲，那个员外就出来了，他说："老当家，你干啥?"他说："我化缘。""化缘化啥咧?""我化一块山，我要修庙。"他说："你化多大一块啊?"他说："我身上穿的这个道衣，铺多大一块我就要多大一块。"那个员外就说："你穿的那个衣裳，能要多大一点咧?"他把衣裳一脱，一下盖过五个山头。盖五个山头！那五龙捧圣嘛，那个山，现在离这60里地，离这木兰山只60里地，搁这正北。①

丧吾和尚后来被双龙镇观音寺的醉月和尚请来说法，与木兰一家相识，并成为木兰的师傅。

伍云昭搁大雾山讲经说法的时候，木兰都长到十二岁了。木兰将军十二岁咧，她都女扮男装，都去听伍云昭讲经说法，都到大雾山，听伍云昭讲经说法。那老和尚，都八九十岁，百把岁的，伍云昭念的诗句啊，做的，那《木兰传》上做的诗句啊，那和尚都不敢答复，那个木兰开口成章！随口应伍云昭做的诗，他一做，木兰将军开口就跟他答上了。伍云昭就说："这个小孩，那一点，那老和尚都八九十岁，百把岁都不敢答我的诗句，她怎么能答，开口成章？我一念她就答上了？这不是一个凡人哪！神人哪！"他就派人跟着她，就跟到木兰山，跟到木兰山一看，在木兰山上的，回去一说，说她在木兰山，在哪儿住。这伍云昭才找到她祖父这里来，拜把子。跟她祖父，她姓朱，她的祖父叫朱盈川，他的道号叫朱虚若。……这伍云昭跟她祖父拜把子，就管木兰将军叫孙女了，就教他兵法武艺。②

木兰还有一个道教的师傅，是木兰山东泉庵的铁冠道人。铁冠道人的名字有一个有趣的说法。刘明纯说铁冠道人头上总是顶着一个铁罐子，所以有了这个名字。可以猜想她误将"冠"理解为"罐"，用一则新的传说来解释了这个名称的

① 展宗一讲述，张静 2010 年 6 月 27 日采录于木兰山迎恩宫。
② 展宗一讲述，张静 2010 年 6 月 27 日采录于木兰山迎恩宫。

由来。关于铁冠道人的来历，展宗一道长认为他和丧吾和尚一样，曾经是隋炀帝的大臣：

祁嗣顶底下个东泉庵，东泉庵有个铁冠道人。铁冠道人也是木兰将军的师傅。她走的时候，木兰将军带个家人，带个丫鬟，都是女扮男装，她去参军，走到东泉庵。铁冠道人喊："孙女啊，孙女啊！"这个铁冠道人是咋回事咧？他是杨广的臣，隋炀帝的臣。杨广无道，他就隐藏到东泉庵，这个祁嗣顶下头藏在这，就搁这修道，就修成了。木兰将军出征的时候，他就给她画一道符，黄表上，锦囊装倒。他说："孙女啊，孙女啊，你到军队上，到万不得已的时候，你把这个锦囊打开，你这个劫就破了。不到万不得已不要打这个锦囊。"①

展宗一非常尊崇铁冠道人，他所在的迎恩宫中有铁冠道人的塑像。木兰山的众多庙宇供奉的都是佛道两教的尊神，唯有此处有一道士的塑像。展道长认为铁冠道人很厉害，做了很多好事，所以20世纪八九十年代在自己筹措资金修建迎恩宫的时候专门为其塑像。据《木兰传》，铁冠道人名张良真，此人据传为最早到木兰山修建宫观之人。《木兰山志》记载："木兰山佛、道教的兴起是在隋大业初年后。隋大业初年前后，有名僧张良真来木兰山东泉庵修建庙宇，设坛传戒。"此处记载张良真为僧人，为什么在传说中又称为道人呢，这可能与东泉庵的历史有关。《木兰山志》记载："东泉庵位于祁嗣顶东北山坳处的东泉井北侧，原庙宇始建于隋。唐中叶后，庙宇因尼姑入住，改称东泉庵或尼姑庵。后因尼姑外出云游不归，庵堂年久失修，遭至坍塌。忽来道姑师徒三人，艰苦创业修复了东泉庵。修复后的东泉庵，保持了原来佛教供奉的如来佛像，另塑以道教供奉的真武神像。从此，尼姑庵中的住持变成道姑了。"②木兰山宫观历史全部来自口头资料，在流传的过程中可能发生了变异，导致僧人张良真在传说中变为道士。

木兰在跟随丧吾和尚和铁冠道人习文练武的过程中发生了一件有趣的事情，狐狸精胡秉池夜闯木兰卧室，被她用铁冠道人（或说是丧吾和尚，或说是真武祖师）送的宝剑斩断了他的一条腿，两人结下仇怨。胡秉池从此被称为独手大仙，与木兰结下深仇大恨，由此产生很多故事。

**伍云昭都教她伍家的枪法，教着教着，伍云昭说："哎呀，孙女啊，你在百天里头有个灾期啊！"她的那个灾期可不小啊！那个伍云昭说："不怕，我有一个宝剑，那个宝剑啊，它自动出鞘，到时候啦，你安心睡你的觉吧，有什么来盗**

①展宗一讲述，张静2010年6月27日搜集于木兰山迎恩宫。

②《木兰山志》编纂委员会：《木兰山志》，长江出版社，2009年，第99页。

你的元气，宝剑都给你解决了。”他把那个宝剑给木兰将军，睡觉都挂在床头啊。木兰将军一睡都睡到半夜，都听到外头刮大风啦，呜呜呜，那个妖气都跑到木兰将军房里去啦，就听见那个宝剑在头顶上“呼啦”一下子，就听见“叽呱”一下子，到白天起来一看，那床头有血，床底下半个狐狸腿子！狐狸腿削断了。狐狸去盗木兰将军的元气去了！那个宝剑把狐狸腿削断一根，到最后在北番的时候，这个狐狸还要报仇啊，他要跟木兰将军做对头啊，他要报那一剑之仇啊。①

斗姥宫的许信慧的讲述中，传授武艺的是真武祖师：

她（木兰）的父母年过半百，就求得她一个，就一直跟着父母啊，长大了学会纺纱织布，挑花绣朵啊，就是女伢该做的。但是她这么小的时候啊，真武祖师就派了两个童男童女啊，就来接她下去。古代女伢是不学文化的撒，不学武艺的撒，就从窗户里接下去学文化学武艺。就是在棋盘石，一直到她长大成人，总是五更里接出去，学了之后又回来，父母起来之后，就跟着父母，就承欢膝下，就围着母亲，挑花绣朵，纺纱织布啊。是个孝顺儿女。在那天，真武祖师就说：“明天哪，你就再别来学文化学武艺了。”她说：“为什么呢?”“今天呢，要考考你的文化武艺。”现在叫考，以前以棋来考思维，以武功来考技术啊。就是那样，说来考你试试看。她（木兰）说那好吧。以前就是师傅说什么话，虽然有疑问，但是必须要照办，就考她的棋艺。就下啊下，她就说一着，她就“哎哟”，就脚一蹬，以前不能拍手打?，那是粗鲁的，顿脚是文明的，说“哎呀，这一着怎么我没想到!”那棋盘石裂开的缝就是她蹬的。真武祖师说：“哎呀，山下有人怎么办?”“那怎么办?”我们讲那就是害怕了。她那时 16 岁，她说“那怎么办?”它就是鼻涕，一下就搭着。从那以后，那不是有块石头么，炸了的，其实那是一坨鼻屎。是真武祖师，那是祖师爷撒，那就是，他搭了一坨鼻屎，就是把那搭住了，搭住了之后，再没倒。“从那以后，你再有什么事情，你要三思，不能一考虑就赶快去做，那是不行的”。她说：“那好，那今天就作罢，再不要来辞行。”②

木兰随后就出征了，在许信慧的讲述中也提到了宝剑和明驼，但是文本发生了变异：

（真武祖师）就说，那要赐两件兵器，要赐一件宝贝给她。那仙合店那，现在还有个炼铁炉，给她炼了一把宝剑，再给她一个骆驼，骆驼实际是个蟒，它能

①展宗一讲述，张静 2010 年 6 月 27 日搜集于木兰山迎恩宫。
②许信慧讲述，张静 2010 年 7 月 7 日搜集于黄陂木兰山斗姥宫。

够逢山山过，逢水水过。蟒蛇它能够逢山也过，逢水也过。但蟒（身上）不能坐人，蟒身子窄了撒，就不能坐。他们河南人叫蛇，它实际叫蟒，蟒身上不能坐人，只有骆驼它能够骑人。……但是她是女儿身，她在家里的时候，她父母就是不愿意让她去的，他们就说："你是一个女伢，是么能出门？你走路都（不行），再洗脚[①]，是么能够出去？"她说："那我女扮男装撒。"她说："那我不去，一家人也是死。"他说："那你去啊，那就是过一天是一天啊，真要死，那是非死不可的，但是现在，我只有先把这关抵过去再说。那我要替父母，在家纺纱织布是尽父母的孝啊，为国替父亲去从军，那是替国家尽忠啊。不然现在我们这一家就要死啊！"她父母说："那你去，要智慧啊，那你去随么都不懂么办？那要比下武艺么样办咧？那你要死了么办，本来就是年近半百求来的个儿。"她说："那没办法，那我就去撒。"那她就去试她武功，还可以！他是个将军，当然有技巧，可以试得出她的工夫出来，试得出她的师傅出来。他说："可以，那去。"[②]

木兰出征得到了父母的许可，她从真武祖师或丧吾和尚那里得到了一把宝剑，还在众人的帮助下，在一夜之间打造好了铠甲。此外，她还得到了神秘的坐骑义孝明驼。有关义孝明驼的来历，更多的说法是五台山的靖（青）松道人赠送给木兰的白毛骆驼，来历非凡。靖松道人将一只大蟒的灵魂转到一只将死的白毛骆驼身上，就成了义孝明驼。在木兰殿中木兰戎装行军像中，有一侍从的塑像，手中牵着一匹骆驼。

（木兰带兵）走到五台山啊……隋炀帝，他不行正啊，他光杀忠臣，杀的忠臣，那个怨气大了，它就变成个蟒，光吃奸臣，那个蟒吃得路断人稀，那个山口上，不敢走人，那蟒吃人。那青松道人降蟒，那个蟒打不赢青松道人咧，青松道人画了一道符，画个大莲花，那个长虫[③]没办法，就盘到莲花叶子尖上。青松道人问它："投降不投降？"它点头，说："投降投降。"这青松道人用长锁链把长虫啊就锁住，拉到庙后头去了。一个员外咧，就喂个白毛骆驼，这个白毛骆驼，老了就不吃草了。这个青松道人就去化这个白毛骆驼，员外就说："这个骆驼啊，它老得不行了，该死了，吃草都不便了，吃草都屙草。"这个青松道人就说："我有用途，我慢慢地给它抚养抚养，它就吃肥了。""你要有用途，"员外说："那你就牵起走咧。"这个青松道人把这个骆驼牵到庙上去了，拴到这个庙后头，他就画两道符，把骆驼头上贴道符，把这个长虫头上贴道符。把这个长虫贴的道符咧，就贴到骆驼头上，骆驼头上这道符咧，就贴到长虫头上，就是这样。这个

① 委婉提醒木兰，身为女子，缠了小脚，出门走路不便，洗脚会被人发现。
② 许信慧讲述，张静 2010 年 7 月 7 日搜集于黄陂木兰山斗姥宫。
③ 长虫，方言，指长蛇，大蟒。

长虫这个灵魂啊，就跑到骆驼身上，就入内了。这个骆驼头上的符贴到长虫头上，长虫就死了。这个骆驼咧，慢慢地，就越喂越肥，越喂越肥，就吃肥了。这个木兰将军就到了北五台了，木兰将军拿着信就去找青松道人。青松道人一见："哎呀，孙女，你可来了，早就等着你了，你现在才来，好好好，在这宽住几天吧。"她说："我的兵马都在下边咧，我不能在这住。"她说："我带封信，给你看看。"青松道人一接信，把信一折，里头，一个字都没写，是个白纸，他就知道伍云昭修道修成了。他说："孙女啊，我没啥送你，就送你一个骆驼，你要打仗啊，你就骑着这个骆驼，这个骆驼咧，它的名字就叫作义孝明驼，前头有埋伏它不走，遇山山过，遇河河过，水淹不着，火烧不着，它能腾空而去，它能保护你，它能打仗给你出一膀子力。"木兰将军就带着这个神驼啊，白毛骆驼，也叫义孝明驼。①

在奔赴战场的路途中，远在军营的大唐军师李靖一直关注木兰，他算出木兰将从军十二年：

这带着兵马，一走走到黄河啦，她的军师叫李靖啊。搁朝黄河北的，那有将台，伍云昭的孩子伍登，跟木兰将军，晚上都歇到黄河岸啦。这晚上黑了，这个李靖咧在帅台上，拿着宝剑啊，抬头观天星，一观天星就看见木兰将军那个营里头啊起了一道白光。白光都是孝子，木兰将军代父从军，那不是个孝子吗？这个伍登的屋里起了个红光，这是个忠臣。在黄河岸上住一晚上，木兰将军在那打个坐，头上现出一个"斗"，就这个斗字。木兰将军就知道啊，这个军队上啊待十二年才能够才能太平。在军队上不到十二年国家不会太平。②

在军营，军师李靖发现了木兰的秘密："这到练兵马，一到大帐去啦，这男的都先跳左脚啊，这个木兰将军一进大帐就跳右脚，她的军师就晓得她是个女扮男装。男的都是一进门就跳左脚，左脚在先，女的都是右脚在先。"③

木兰在战场上运筹帷幄，英勇杀敌，立下很多战功，敌方无法应对，张榜招来了木兰的仇敌独手大仙。独手大仙幻化出木兰父母的形象逼迫木兰投降，最后被木兰锦囊中的神符打败。最终木兰和唐军取得了战争的胜利。

打北番，是木兰将军带着兵，北番就打败了，不敢出征了。这个北番就挂上免战牌，就招良将，门口写上"招"字，谁来接这个"招"字，谁就来领兵。末

① 展宗一讲述，张静 2010 年 6 月 27 日搜集于木兰山迎恩宫。
② 展宗一讲述，张静 2010 年 6 月 27 日搜集于木兰山迎恩宫。
③ 展宗一讲述，张静 2010 年 6 月 27 日搜集于木兰山迎恩宫。

▲图 4-27　木兰武装像（张静摄于 2012 年 5 月）

了，这个独手大仙，独手大仙就是那个木兰将军把他狗腿削了，削掉一只，他就上北番了。他就变个人。他到就把门上的“招”字揭了，人家一看，他长得三尺高，不像个人形，就说：“把‘招’字揭了，你还能打胜仗？能保护我们北番？”他说：“到时候你看，我一个人都把他唐朝打败了！”那北番的元帅啊，头头啊，一看，长得不像个人样，像个猴样，说：“你有个啥本事？”他说：“我有啥本事，我又不要一兵，不要一将，我一个人在城门楼子上，我都要木兰将军来投降。”那个北番说：“好，那我看看你有多大本事，你都不像个人样，还少个胳膊。”后来，他一上城门楼子上，就吆喝开了：“我谁也不要，我就要木兰将军！木兰将军，我来报仇！”木兰将军就带着兵马去了，木兰一到，那个独手大仙，拿着个宝剑手一指，那就飞沙走石，把木兰将军的兵马都打死在那儿了，不敢再出征了，独手大仙不就打胜了？独手大仙就夸嘴啊：“明天啊，我有两个徒弟到湖广把她父母弄来，弄到这来用棍打，叫木兰将军投降。”“哎，你两个来啦！”“哎，来啦。”“好，我支配你两个事。”两个小道人头上挽着道纠，戴着个逍遥巾，那个独手大仙说：“你两个到湖广去，把木兰将军的父母弄来，我来支配他们。”他两个小道人腾空而去，跑到湖北来了，把木兰将军她娘、她父亲，都弄到北番，在那个城门楼上吊起，把衣服一脱光，用棍子，吊那城门楼上打，打呀，哭呀，叫呀，“哎呀，木兰将军啊，你这个孝子啊，你投降啊，投降！你不投降，把我夫妻两个都打死了！”那木兰将军就带着兵马，一看，就是她爹娘啊，跟她爹娘一样，光用棍打，“木兰将军，赶紧投降啊！”木兰将军，她骑的个骆驼，又叫，又踢，又咬，那个骆驼，它认识，不是人啊，它一看，是妖精变的，狐狸精变的，不是她爹娘。末了，那骆驼啊朝那城门，踢啊，咬的，末了，木兰将军没办法，拿宝剑杀自己。那个丫鬟说：“哎呀，别杀，别杀，师爷来的时候不是画道符吗？他说到万不得已的时候，把这个锦囊打开看看，这个灾气就躲掉了。”木兰将军一想，唉，是的啊，这铁冠道人给他画道符，都搁那，锦囊一打开，一看，是个黄表，上面是个符，用火一点，这个狐狸符啊，那“嗑”一声炸开了，把独手大仙炸死了，把她爹娘也炸死了，把他两个小道人都炸死了，都是狐狸变的。这个北番一看，不中啦，都是狐狸精变的，这木兰将军，庙上不一个黑脸？那黑脸，还把北番王子的头割下来，来投木兰将军。投木兰将军，就搁这得胜了，得胜了，北番就投降了。木兰将军不就得胜啦？国家太平了。不干事了，就回来修个经堂。①

黄陂的木兰传说中有一段关于木兰和花阿珍的故事非常独特，花阿珍原想与木兰订婚结为夫妻，当木兰表明自己的女子身份后，两人又结为姐妹，共同修行。

这还有个麻子花，这个木兰将军兵马驻在这个麻子花的家里啦，带着兵马。麻子花有个妹妹，她哥逼她妹妹改嫁，妹妹不愿意改嫁。她说你要叫我改嫁，可以，我信木兰将军，第二个人我都不信。跟木兰将军，木兰将军是个女扮男装，跟木兰将军说，她不同意。将军不同意，那个军师同意啊，那军师晓得木兰将军是个女的啊。这李靖说：“准，准她招亲！”一招亲吧，木兰将军都不敢睡觉啦，就趴在那个桌子上看书，一看两三晚上，都熬得呀都睡不醒了。这花阿珍哪，就是冷天看着木兰将军怪可怜，把她靴子给脱了，弄到床上去睡觉。她把这个木兰将军的靴子一脱，她的脚是个白绫子裹的，木兰将军就露了形象。木兰将军她俩，就拜上干姊妹了。国家太平了，她两个，就回到木兰山。②

一些传说认为，木兰原本姓朱，因为和花阿珍混淆了，才被后人叫作花木

①展宗一讲述，张静 2010 年 6 月 27 日搜集于黄陂木兰山迎恩宫。
②展宗一讲述，张静 2010 年 6 月 27 日搜集于黄陂木兰山迎恩宫。

兰，并导致了现在的争论。

说敌国有一个女子叫花阿珍，也是花木兰的来历。那个书高头，都是这样传说，我也记不蛮清楚。花阿珍的哥哥是当地的个将军吧，逼他的妹子出嫁，这样哩，木兰是女扮男装撒，她意思说，你要我嫁可以，除非是木兰将军。结果她的哥就答应了。木兰将军是个女子身，她也是个女子身。就是那个花阿珍呢，也吃斋，也修行，晓得不？不过哩，在一起都说穿了，都是女子，她互相地都默契了。因为么样哩？她们的志向都是修行，她们拜为姐妹。花木兰，她叫花阿珍。①

张大松则说花木兰是另外一个人，她是外族人，战场上对朱木兰心生爱慕，千方百计要与木兰缔结姻缘。朱木兰将计就计，劝降了花木兰。后来朱木兰表明自己的女儿身，遂与花木兰结为姐妹。

那朝廷到前线去打仗，一说，遇到了么样个人哩？遇到了个花木兰！花木兰她是少数民族的，据说是蒙古族。她就姓花，这个女伢，她也有本领，一般人打不她赢。说两个人上阵，就打仗嘛，旧社会不是枪炮火药，那是比武啊，射箭啊，是吧！搞那些名堂。两边人一交战，我们朱木兰就打不花木兰赢。当时呢，签订条约，你拜在我名下，你就服从我，我拜在你名下，我就服从你。眼看这个打仗就赛不过花木兰赢，花木兰就看中了朱木兰是一个人才，晓得不？她在这个当中就动了心，她不把你弄死，以后你就要服从我。她说好，服从你，你把你的条件说出来，我不把你弄致死，你要服从我。唉，因为你是个儿伢，旧社会就说成家，现在就说结婚。你跟我结婚，我就不弄死你，你不跟我结婚，不但要弄死你，同时你的那个国家我也要亡。朱木兰为了保朝，这意思是何乐不为呢？所以这两个人就许下这个姻缘。仗打赢了咧，回朝了皇帝就封她的官啦，是不？皇帝就封她将军。

到最后，许诺要兑现，是吧？那就要结婚啊！嘿，要结婚，那结婚的时候啊，嘿嘿，结么婚？我是个女伢，那不存在结婚，那话说出去了，所以，就结拜为姊妹。②

张大松的妻子袁桂枝简单复述这个故事后则说，因为朱木兰认为花木兰投降，和她一起回到中原，所以自己就将名望让给了花木兰，自己则落空了。

木兰在战场上打败了独手大仙，与木兰山上的狐狸精的仇怨更深了。胡秉池深恨木兰，在回木兰山探望铁冠道人的时候半途拦截，险些将木兰害死。幸亏铁

①王理行讲述，张静2010年8月3日搜集于黄陂木兰山帝主宫。
②张大松讲述，张静2010年7月28日搜集于黄陂木兰山玉皇阁。

冠道人来得及时，救下木兰，并将胡秉池压在棋盘石下，并说除非木兰山的香火断绝，它才能出来：

一回来，走到这个后山，她（木兰）就问路咧，她就往前山走，她就到这个后山问路，上前山走啊走啊，是吧？这有个狐狸精啊，在这个后山穿个黄道袍，白头发，胡子都白了。这个狐狸精名字叫胡秉池。胡秉池说："你是哪一个啊？"木兰将军说："我是木兰啊。""咦，你是木兰？那正好，你该俺徒弟的命！那你还命啊！徒弟都是你打死的。"后来，他把木兰将军吊起来，那些小狐狸不叫他吊，说她是唐朝的有功之臣，吊了将来出事啊，那小狐狸都吓哭了。小狐狸就说："别打啦，她是国家的栋梁，国家太平啦，她走这，就把她放了吧。"这狐狸精不听啊。这个铁冠道人在那个东泉庵，耳热眼跳，眼也蹦，又叫唤又发热："哎？我怎么耳朵叫唤，眼发跳咧？"他用手一掐："哎呀，我的徒弟回来啦，在后山正挨打呢？"他说我去看看。一看，狐狸精把木兰将军吊起来正打咧，那铁冠道人就过来了："哎呀，胡兄啊，别打了，这是我的徒弟！""那不行，她该我徒弟的命，她得还债，还命！"他说："你放了她吧，她是有功之臣，得胜回朝了，她是有功之臣，放了她吧！她是我的徒弟。"这个独手，这个狐狸精就跟铁冠道人两个打起来了。一打开了，这个狐狸精用这个飞沙走石啊，这个石头，就跟那大面盘一样，都打铁冠道人。铁冠道人用手一指，这不有个棋盘山，就把狐狸精都压到棋盘山底下了。压到底下，那狐狸精就问啊，他说："你叫我们啥时候出去咧？""啥时候出去？"他说："啥时候木兰山没有烧香的了，那时候就叫你出去，有一个人烧香，你就出不来。"还写个"元亨利贞"，那画一道符，那个棋盘山，那不是有个石头，那不写了四个字"元亨利贞"，就把这个石头用符封起来，那个狐狸跑不掉，就压到那个石头底下了。①

木兰回乡不久就因为受人诬陷而剖腹洗心，张

①展宗一讲述，张静 2010 年 6 月 27 日搜集于黄陂木兰山迎恩宫。

▲图 4-28　棋盘石（张静摄于 2014 年 11 月）

元斌认为木兰死后，花阿珍在木兰山木兰殿出家，活了一百多岁，许信慧也说木兰回乡之后就在木兰山修了座庙出家修行，张忠厚则认为木兰当时没有死，道行深厚的铁冠道人将木兰度过来在山上学道。黄陂的木兰传说中，木兰有着悲剧的结局，在木兰山的道士中流传着木兰因为被奸臣诬陷谋反而被迫剖腹洗心以证清白的故事。木兰死后，李世民后悔不迭，亲自到木兰山来，并下旨修建庙宇和将军坊纪念木兰将军。

都是观天星啊，这国家刚太平啦，这又出问题啦。晚上黑了，这个李靖在将台上都看着紫微星，这个妖星围着转，他一掐一算，说是个女的要谋朝。国家太平了，出奸臣了。是谁哩？伍云昭的孩子，长了个女人像，伍登，外号叫“武娘子”。伍登他的外号就叫“武娘子”，再一掐一算，是伍登。伍登在北边把守边关没回来。“好，把伍登招回来！”伍登一招到京城，一家杀完了。这个焦武把那伍烈①带着跑了，入山了，伍家就没人了，伍云昭下代就没有了。伍登

①焦武为伍家仆人，伍烈为伍登之子，两人名在《忠教勇烈奇女传》中出现过，此书在木兰山道士中广泛流传。

全家都被斩了，那说是他要谋反。

说这个观天星的，那个妖星比从前还厉害，那个光色还大些。这次就跑到木兰将军头上来了。说是木兰，上头来圣旨招啊，要木兰进京啊。木兰她就不去，她就写道辞请表，叫来的兵马把这个辞请表咧，谁带着咧，那个带兵的叫张昌宗。张昌宗拿着这个辞请表到朝廷里，那不中，不来不中，为啥不来不中咧，要谋朝，那是个女的，不是木兰是哪个啊？又来圣旨，又还是张昌宗带着，木兰将军又给他写个辞请表，还是不去。末了又带着兵马来了，木兰将军说："我去也是死，不去也是死！"她把自己衣裳一扒，自己拿着宝剑把肚子一剖，把心掏出来，说："好，你看看，我的心，是奸臣（还）是忠臣？"她把心掏出来，那个心直蹦啊，张昌宗吓得一步一个头磕，一步一个头磕，弄个金匣子把心装到，装到就往京城里带，带着就磕着头，带着磕到京城。娘娘一看，说："哎呀，这个忠臣死得可怜啊，这个木兰将军，又是有功之臣，长得又漂亮，还年轻，这死得可怜。"朝廷这没有办法啦，那就为木兰将军修庙啊，才跑到这来修庙。哎，在这修庙，哪个来咧，尉迟恭。尉迟恭跟李世民。李世民就住在朝天宫，这个尉迟恭就住大佛殿那儿。唐王写的亲碑"忠孝勇烈"几个字，这个牌坊上。这个牌坊上是个立碑，是个唐王亲自写的。这木兰将军就埋到将军坟，就埋在那儿，（边上）不就修的（是）将军庙。[①]

木兰洗心的时候河水倒流一里的情节在木兰山上也有流传，许信慧说真武祖师告诉木兰有大难来了，恐怕她难以跨过，木兰于是出家修行，但是有奸臣想谋反，诬陷木兰将军：

没办法，她就把衣服一下划开，就把心脏拿出来，搞荷叶包倒，拿到朝里去。拿到李世民那去，李世民还不相信。等李世民一直随着大臣到这仙水河来，心到仙水河来还没坏，还跟新鲜一样，还没坏。他就隐隐地想："未必是没进水？"他说拿水里一洗

①展宗一讲述，张静 2010 年 6 月 27 日搜集于黄陂木兰山迎恩宫。

▲图 4-29　木兰戎装像（张静摄于 2012 年 5 月）

看，还倒流一里！这长岭现在还有个“倒流一里河”。李世民再明白过来，他说：“心拿出来人就死了，这是我自己不知足，心到神知，既然心都拿来了，我为么斯还不相信咧？这是我把她逼死的。”从那以后，再来封她为“忠孝勇烈”，不是个“节”。节是结了婚再不嫁人，称为节。应该是烈，为么斯，那女伢那烈！烈士的烈，那烈就是那拐！都说女伢拐，就说那烈！就这样个话。[①]

在当代的口头讲述中，一般以木兰悲剧之死为结局，并没有像老书中所提到的木兰登仙的情节说法那样，但是木兰山上的僧道两众及其他当地人一般都认为木兰最后修炼成仙了，守护木兰山及周边地区，因此有了木兰显圣的传说。展宗一道长说以前山上有人丢了一把铜壶，那时候这也算是贵重物

① 许信慧讲述，张静 2010 年 7 月 7 日搜集于黄陂木兰山斗姥宫。

件，找不到小偷就向木兰将军祷告，果然，在将军的帮助下，小偷自己把壶还回来了。帝主宫的王理行道长也提到曾经有人偷了一条贵重的绸子裤子，藏着不还，在梦里木兰将军警告他，后来绸子裤子就被还了。木兰将军不仅仅在木兰山上显圣，在20世纪30年代的革命时期，还帮助部队赶走了敌人。

1930年，黄陂蔡店、姚集、塔耳、河口一带建立苏维埃，组织赤卫队，革命斗争风起云涌，严重动摇了蒋家王朝的统治。于是国民党派兵大举进攻苏区，妄图一举扑灭革命的星星之火。由于敌强我弱，赤卫队采取突击的游击战术，闹得敌人首尾难顾，团团打转，胆战心惊，坐卧不安。

这一天，赤卫队在蔡店、梅店拔掉了敌人的两个据点，正往塔耳方向神速运动。不巧，途中遭遇了国民党主力，双方交火不久，赤卫队便甩开敌人撤退转移。国民党哪里肯放手，旋即尾随其后，步步紧逼。就在这危急的时候，只见眼前红光闪闪，迎面出现了一位骑着白龙马，头戴金盔，身穿银甲，手持钢枪的玉面将军。她一抖缰绳，白龙马直朝敌人的队伍猛冲过来。众敌军一见魂飞魄散，不由纷纷喊叫："哎呀！大事不好！木兰将军显圣！""花木兰来啦！"顿时军中大乱，推推搡搡抱头鼠窜，有伤有亡。此刻，我赤卫队摆脱困境成功转移。群众都说："共产党不仅深得民心，也深得神心！"①

以上这些传说依然活跃在木兰山上生活的道士、僧人和其他当代人的口头，生动而鲜活。他们对我的调查研究的关心和支持，讲述传说时严肃而认真的态度，看得出他们对木兰将军深刻的爱戴与深深的同情。

## 其他风物传说

木兰山上有关木兰的庙宇只有三座，可是许多奇峰异石、山川景物却也附会在这传奇英雄身上，增添了许多神秘的色彩，如下马石、棋盘石、舍身

①赤路讲述，彭光明1975年搜集于木兰山。

崖、眼泪凼、脚板石、铠甲石、穿箭崖、剑劈石、风洞、龙头石、龙尾石、下马石、好汉坡等。其中最为有名的莫过于下马石和棋盘石了，下马石为上山必经之路，位于木兰山北麓山腰，上古禅寺北侧，高约 2 米的巨石分立两旁，状如石门，上山公路从中而过。相传，木兰将军凯旋，骑马山上探望铁冠道人，在此下马步行至山顶，因此称为“下马石”。

▲图 4–30　下马石（张静摄于 2014 年 11 月）

棋盘石位于玉皇阁西，中间有一道 S 形的裂缝，形如太极图。调查过程中许多讲述者都提到了相关传说，存在数个版本，一般是说木兰与祖师爷下棋，祖师爷或者木兰快输了，脚一蹬，石头裂开，眼看就要滚下山，祖师爷连忙用鼻涕把它粘住。许信慧将这个传说与木兰的修行结合起来，祖师爷借此告诫木兰做事要三思而后行。

在张大松的讲述中，输棋后气急败坏蹬破石头的人变成了祖师爷：

棋盘石，我这些都只是道听途说。棋盘石不是裂那么大个缝，这人人都晓得，众所皆知，黎民百姓都晓得，就说她跟真武祖师下棋，下棋嘛，还要讲个输讲个赢。末了祖师爷就下输了，下输了呢，祖师就发了脾气，蹬了一脚，蹬了一脚就把棋盘石裂了那么大一道缝。那个石头一拱下去那得了？那不晓得要从伤到几多人，房子都不晓得轧几多？祖师爷就弄坨鼻涕把那个棋盘石粘住了。①

木兰山为木兰习武修炼之地，很多风物传说都与此相关，除了上文棋盘石的传说，还有龙头石和龙尾石的传说。

龙尾石位于玉皇阁南边悬崖之上，长约 4.3 米，从峭壁飞伸而出，异常险峻。

相传，木兰将军有一天与真武祖师在棋盘石上对弈。傍晚，有一恶龙云游至此，横行霸道，正好被在此处晚练的木兰将军撞见，木兰怒不可遏，猛地抽出利剑，朝恶龙砍去。恶龙瞬间就被斩断成两截，龙头“呼”的一声蹿到了斜对面的东泉庵滴水崖上，木兰随手抓起身旁的一块巨石朝龙尾掷去，恰好压住了龙身。这一压就是千年，后化为这座龙尾石。②

飞到东泉庵滴水崖上的则变成了龙头石，与数百米外玉皇阁悬崖外的龙尾石遥相呼应。

还有许多地名都与木兰习武有关，如第一山和穿箭崖。第一山位于木兰山西面，上书“第一山”三个大字，传为宋代书法家米芾亲手所写，此处传说为木兰练武之地；还有穿箭崖，在“第一山”和棋盘石之间，两边石崖高耸，中间有一细长的裂缝，可容一人通过，相传为木兰将军练武时一箭射穿，形成此奇观。木兰勇武非常，又有宝剑在手，在木兰山上劈开挡路的石头，留下了剑劈石。剑劈石位于祁嗣顶北麓，中间裂开，如刀劈斧砍一般，传说是木兰将军凯旋回乡后，去祁嗣顶进行还愿时被一巨石挡住去路，将军拔出剑将巨石劈成两半，就成

① 张大松讲述，张静 2010 年 7 月 28 日搜集于黄陂木兰山玉皇阁。

②《木兰山志》编纂委员会：《木兰山志》，长江出版社，2009 年，第 24 页。

▲图 4-31　龙尾石（张静摄于 2014 年 11 月）

了剑劈石：

木兰将军的母亲曾到祁嗣顶求子后，第二年果然生下一女，这就是木兰。木兰将军从军征战十二年，得胜还乡后，驱马前往祁嗣顶进香朝拜。行至祁嗣顶下的东泉庵附近，一块巨石横断去路，不能前进。木兰将军抽出青龙剑，“啪”的一声，劈开巨石，策马而过。这时，山神大怒，站在裂石上吼道：“木兰！你昔日毁我容颜，开拓好汉坡，今日又劈我山石，真是欺人太甚！如果不还我巨石，我要你粉身碎骨！”说完调来雷电，追击木兰。正在这千钧一发之际，观音菩萨云游到此，得知情况后，连忙挥舞云帚，制住了雷电，并对山神喝道：“胆大妄为！你一贯阻挠游人，刁难木兰，罪当严惩！”说完拔掉左手小指的指甲壳，掷了出去。这指甲壳，在空中翻了几个筋斗，变成了一块巨石，“轰隆隆！”不偏不倚正好落在山神的脚旁。山神见势不妙，“呼”地钻进山底，再也不敢出来了。

事后，人们便把裂石取名为剑劈石，把压在裂石上的巨石叫飞来石。[①]

▲图 4-32 剑劈石（张静摄于 2014 年 11 月）

在传说中，木兰还是一位热情助人、爱护百姓的好姑娘，木兰山上的一些风物被附会到这些传说中，有风洞、好汉坡、舍身崖等。风洞与下马石相去不远，位于山上公路的北侧，是木兰山上最大的洞穴。为何得名风洞呢？传说此处为“神仙修炼的地方，深达海眼，洞内凉风习习，故又称‘风洞’”[②]。洞深 50 余米，洞内怪石林立，附近村民说这里千岔

①黎世炎搜集，陈炳章整理，《黄陂文艺》编辑部:《木兰山的传说》，内部资料本，1983 年，第 44 页。

②《木兰山志》编纂委员会:《木兰山志》，长江出版社，2009 年，第 19 页。

万道，没有尽头，据说有人进去玩耍后迷路，甚至失踪，所以管理处已将洞口封闭，禁止入内。因为风洞地形隐蔽，在 1927 年，吴光浩率领的七十二勇士就在此活动，所以风洞后来也被命名为“红军洞”。在民间传说中，洞内没有仙人，却有蝙蝠和狐狸精，木兰深入洞内取得蝙蝠粪便做眼药，医好了邻居老婆婆的眼疾，而与木兰结仇的狐狸精则住在风洞中。

木兰山附近的大城潭有个朱家大湾，湾内有位慈祥的老人，人称梁善婆。只因早年失子，老年丧夫，故而忧闷异常，哀伤过度，加之饮食减退，久而久之双目逐渐失明，生活起居不能自理，困难越来越多。

同湾乡邻朱寿甫，膝下一女名唤木兰，年方八岁，俊美灵秀，崇敬老人，她主动上门伺候梁善婆。每日提水、送饭、洗脸、洗脚、洗衣、下河，样样都做，就像亲生骨肉一般，使这位饱经风霜的孤独老人享受一份天伦之乐。

这天清晨，朱木兰从塘里提水回来，进门见梁善婆摸摸探探朝前走着，不料被破板凳绊倒在地。小木兰心疼地忙把老人搀扶起来，说道：“善婆，你再莫动，有事叫我来做！”梁善婆亲切地说：“木兰哪，太劳累你了，我实在过意不去。只想到房里拿点红绿绸子跟你做花戴！”小木兰歪着头娇嗔地说道：“我不要，家里有。”说罢，扶着梁善婆坐下。可是她的心里却再也不能平静，她想：“多好的婆婆，要是眼睛能看东西就更好了，既不会跌跤，又能看这青山绿水。我得回去找爹爹谋个方子，来治好婆婆的眼睛。想到这里，（她）一阵风似地往家里跑。

小木兰进得门来，只见父亲正在研读兵书，她兴致勃勃地喊道：“爹！我来找你谋个方子。”“方子？什么方子？”“诊眼睛的方子。你不是说从前有人眼睛瞎了，有种药能治好吗？快告诉我什么药？我好去弄来把瞎婆的眼睛诊好。”朱寿甫听了捋须一笑：“你小小年纪敢去弄药？”“敢！只要能诊好瞎婆的眼睛，我哪里都敢去！”朱寿甫见她如此认真，又想试试她的胆量，便说：“好，你到山上仙人洞内，去找治眼妙药夜明砂，煎服数月即可复明。”“夜明砂是么样的东西呢？我不认得呀！”木兰问父亲。朱寿甫说道：“夜明砂就是陈年的蝙蝠粪。”“真的？我爹真好！”小木兰一下扑在朱寿甫的怀里，父女两人抱头欢笑。

第二天，小木兰安顿好梁善婆后，便斜挎小袋，手提灯笼攀登上山。来到仙人洞前往里一看，只见洞内黑沉沉的一片，什么东西都难以分辨。于是她点亮灯笼钻进洞内，提心吊胆地朝里面走去。只听洞内不是这边“叮咚”作响，就是那边“哐啷”回声，弄得小木兰心神不定。忽然脚下踩着一块软绵绵的东西，听头顶“扑棱棱”一阵响，小木兰几乎吓掉了手中的灯笼。她稳了稳神，才看清楚是一群蝙蝠在乱飞。地下是厚厚的一层蝙蝠粪。想起爹爹昨天的交代，木兰高兴极了，连声说道：“找到了，找到了！这不就是夜明砂吗？”她欣喜若狂地装了满满一袋，直奔梁善婆家。到了梁善婆家里，小木兰又是择药，又是熬煎，又是喂服，又是调养。这样坚持了几个月，梁善婆的眼睛真的渐渐复明了。

木兰不仅为梁善婆送来了骨肉温暖，同时，也给她带来了重见光明的欢乐，梁善婆逢人就夸木兰姑娘。“夜明砂”治眼疾的秘方，也就从此流传开来。[1]

▲图 4-33 风洞（张静摄于 2014 年 11 月）

在异文中，木兰闯入风洞拿到了夜明砂，与在此修炼的狐狸精胡秉池相遇，在打斗中木兰落败，幸亏师傅铁冠道人及时搭救才得以脱险，但是木兰与狐狸精的仇怨更深了。

①李汉涛讲述，彭光明 1974 年搜集于黄陂北乡一带。《黄陂文艺》编辑部:《木兰山的传说》，内部资料本，1983 年，第 28—30 页。

突然，一阵旋风卷过，紧接着从洞里面走出了一个青面獠牙、干巴枯瘦的人。这人就是常年住在风洞的狐狸精，名叫胡秉池。就在木兰降生的同一天，胡秉池的儿子出世了。胡秉池的儿子出世后，一直多灾多病。看相先生讲，双龙镇木兰的相貌出众，踏破了他儿子的风尘，同他家结下了深仇大恨。就为这事，胡秉池一直对木兰怀恨在心，总想寻个机会把木兰害死，眼下，木兰找上门来了，正是他下手的好时机。

木兰大声问胡秉池："你是什么人？"胡秉池一边用双手向木兰的脖子卡来，一边吼道："老子要你的命！"

木兰看势不对，转头就往洞外跑，紧接着又是一阵旋风，木兰再怎么也跑不动。于是，木兰不得不使出师傅传授的武艺与胡秉池厮打起来。他们俩打了好一阵不分胜败，木兰到底年幼力小，敌不过胡秉池，被胡秉池打晕。胡秉池又刮起一阵旋风，把小木兰卷到洞的深处，这时候太阳已经落山了。

那些蝙蝠，见木兰打不过胡秉池，有生命危险，就争着飞出风洞，飞向东泉庵，在铁冠道人的面前飞来掠去。

铁冠道人很纳闷：木兰说今天来的，为什么不见上山？这些风洞里的蝙蝠为什么老围着我飞来掠去？

正在这时，木兰的家人骑着快马奔过来，神情紧张地问铁冠道人："师傅，我们家小姐怎么这晚还没回家？"

铁冠道人感到奇怪："我今天也没见到木兰来呀？"

"哎呀，师傅，那可坏事了。小姐她天刚亮就往您这里来了的呀！"

铁冠道人掐着指头一算，勃然大怒："啊！不好。木兰正落在那风洞狐狸精的手中。"

说时迟，那时快。铁冠道人几个箭步来到风洞，使出了他的拿手绝艺——五雷劈掌，将木兰从洞里救了出来。①

传说上山必经之路好汉坡也是木兰开凿的。好汉坡一般指从准提阁至大佛殿的一段古道，用青色长条石砌成，全场近一公里，据《木兰山志》介绍："古好汉坡自张家冲上湾至华严阁，由两段组成。张家冲上湾至穿心灵官殿有台阶 855 级；穿心灵官殿至华严阁有台阶 482 级。"②此外还有新好汉坡，位于胜景路至胜景广场，有台阶 466 级。传说，好汉坡是木兰将军一级一级开凿出来的：

木兰山西，有一好汉坡，整整四百八十个台阶。老人们说是观音菩萨用鞭子

① 王汉青编著：《神奇的木兰山》，广西人民出版社，1985 年，第 35—37 页。
② 《木兰山志》编辑部：《木兰山志》，长江出版社，2009 年，第 30 页。

▲图 4-34　好汉坡（张静摄于 2014 年 11 月）

抽打出来的。

木兰山原来冇得路，人们只能手挽藤蔓，脚登古缝，一步一步向上攀登，稍不留心，就会丧身丢命。木兰时常到斤峰怪古中习武，看到这一情景，心里很是不安。于是，决定动手开辟一条通道。

这天，她来到这里，一锤一锤地干了起来。一天下来，好不容易才凿了一级台阶。第二天一早，她又来到这里，一看，头天凿的石头又长复了原，她二话冇说，又凿了起来。好不容易又凿了一级，哪知第三天又长复原了。木兰不灰心，继续凿，可凿好的台阶一夜又长拢了。这是么巧呢？原来是山神在作梗，他怪木兰这黄毛女子不该随便在他头上动土石。

木兰偏不信邪，日夜不停，风雨无阻，结果还是凿了又长，长了又凿。观音菩萨看见木兰志坚如石，便对山神说："你不要把姑娘累坏了，她长大了是朝廷的栋梁之材。"山神还是不理，继续跟木兰作对。观音菩萨恼了，拿起长鞭，一鞭鞭地抽打山神，抽一鞭留一道印行。一口气抽了四百八十鞭，直抽得山神磕头求饶。

第二天，山上出现了一条四百八十阶的石道，人们都说是木兰姑娘凿的。其实那是观音菩萨留下的鞭子印。[1]

木兰还曾冒着生命危险搭救落崖的放羊娃，这段悬崖因此得名"舍身崖"。舍身崖位于玉皇阁背面，深达 200 多米，站在此处远眺，青山绿水尽在眼前，村寨房舍点缀其间，一派山村田园风光。

舍身崖在木兰山金顶北侧，是一座刀劈斧砍的绝壁，这里白云缭绕，四季不散，时如轻烟缥缈，时如海潮翻腾，这是么原因呢？相传木兰未成年时，有一日在山中打柴，忽然听见山上传来哭声。她跑去一看，原来是放羊伢放牧时，一只

①张焕林讲述，陈炳章、魏云乔搜集于黄陂北乡一带。《黄陂文艺》编辑部:《木兰山的传说》，内部资料本，1983 年，第 35—36 页。

小羊坠落绝壁。放羊伢怕东家打骂，失声痛哭。木兰连忙登上山顶，朝下望去，那只小羊恰好落在绝壁半腰的一棵松树上。她飞步回家取来绳索，系在腰间，攀藤登壁，下到树上，将小羊用绳系好，便招呼放羊伢往上拉。哪知放羊伢力小，拉不上去，木兰使劲一送，谁知用力过猛，"咔嚓"一声，松树折断。小羊被拉上了山坡，而木兰随着松树"哗啦啦"往下滚去。放羊伢见势不妙，惊慌失措地大声疾呼："救人啦！救——人——啦！"

这呼声惊动了云游到此的观音菩萨。观音菩萨把手一挥，顷刻之间，满天白云一起涌到崖下，托住了木兰。白云纷纷向上翻滚，将木兰平平稳稳地送上了山顶。从此，白云再也没离去。人们就把这个绝壁命名为舍身崖了。①

在调查过程中，没有听到木兰将军的婚恋故事，但是在故事传说集和出版物中，木兰的爱情故事成为一个新的主题，除了上文提到的木兰和花阿珍这一对啼笑因缘外，木兰和伍登缠绵悱恻的爱情故事也打动了不少读者。伍登为丧吾和尚伍云召的儿子，他与木兰同在军营，多年的并肩作战建立了深厚的感情，当得知木兰实为女儿身之后，定下婚约。但是两人最终却无法长相厮守，伍登遭奸臣诬陷被杀，木兰孤老终身。传说木兰请求祖师爷解救伍登，可他喝酒误事，伍登还是被斩了，木兰流下了悲痛的泪水，在山石上砸出两个小坑。这段传说留下了两处风物，眼泪凼和脚板石。眼泪凼在金顶和玉皇阁之间的石头上，脚板石则位于古娘娘殿北侧的一块岩石上，石上有一个长约 31 厘米，宽约 19 厘米的赤足脚印，相传为真武祖师一脚从武当山跨到木兰山留下的脚印②，也有说是因为木兰：

在木兰山玉皇阁和金顶中间，有一块大青石，有拳头大小、光光溜溜的两个小窝。这就是眼泪凼。东寨门下的一块青石上面，有双约两尺长的脚印。这块石叫脚板石。

① 万召书讲述，陈炳章 1963 年搜集于黄陂北乡长岭一带。《黄陂文艺》编辑部：《木兰山的传说》，内部资料本，1983 年，第 17—18 页。

② 《木兰山志》编辑部：《木兰山志》，长江出版社，2009 年，第 19 页。

相传，木兰女扮男装从军时，常和先锋官伍登一同征战沙场。木兰爱慕伍登智勇双全，伍登佩服木兰用兵如神，两人情同兄弟。班师回朝后，后来木兰还了女儿身，两人私下订了终身。没过多久，朝廷奸臣诬陷伍登有叛国之嫌，要杀害他。木兰听说次日午时三刻，伍登就要问斩，很是着急，便去找祖师菩萨。祖师菩萨说："来得及，明日五更我把你装进袖筒，来个袖里行空，前去京城搭救。"

第二天五更已过，木兰七等八等，不见祖师菩萨到来。没有办法，她只得单身驱马前往。走到半路，就听说伍登已经被杀害。她痛不欲生，勒马回到木兰山。

祖师菩萨是怎么回事呢？原来，祖师菩萨正在修道期间，他月月不离木兰山，天天不离峨眉山，时时不离武当山。那天离开木兰后，他回到武当山，被别人拉去喝酒。祖师菩萨嗜酒如命，结果一醉如泥。等他酒醒，日头早已偏西。他大吃一惊，赶忙来到木兰山找木兰。见木兰不在，又连忙赶到京城。两人来了个隔壁错。祖师菩萨听说伍登已经被害，怕木兰也落入虎口，又到处找木兰。找了半天没有找到，只好又赶回木兰山。当他看到木兰独自坐在山上，心中又急又悔，落地过猛，脚下的青石被踩出两个深深的脚印。

木兰看到祖师菩萨来了，叫了声"师父"，不由滴滴眼泪掉了下来。木兰平日总不落泪，眼泪贵重得很，滴在崖石头上，砸出了两个圆圆的小窝，这就是眼泪凼。①

## 小 结

千百年来，木兰和她的传说在木兰山生根发芽，成为木兰山最著名的文化名片。她的传说在流传过程中，不断受到宗教特别是道教的影响，彼此交融，演绎出许多精彩的文本，相比较其他地区的文本，这些文本内容更为完整、情节更为曲折、故事跌宕

①杜有源、魏云乔搜集，《黄陂文艺》编辑部：《木兰山的传说》，内部资料本，1983年，第51—52页。

起伏。木兰及其传说也为木兰山道教增添了地方特色，显得更为生动活泼。木兰在木兰山留下的种种遗迹，赋予山、石、崖以生命，为木兰山增添了神奇的人文色彩，成为重要的文化资源。在这里，木兰被尊为神灵，护佑一方。许信慧说她葬在这里对国家、对地方、对庙上都是有好处的。在木兰山，无论是佛道教徒还是其他民众，往往强调木兰“忠孝勇烈”的精神，张大松概括：

敬佩她呢，首先一条，她一个姑娘伢，她有那个胆量，能够报名去上前线去打仗。一般姑娘伢还能跟你去打仗，我不要我的性命？是吧？她有这个胆。首先要跟她肯定下来的一条，她有这种智慧，这种能力，这种胆量。她家也是大家族，她家也是当官的，在屋里吃的喝的，她又不是没有，她为么斯要出去吃那个苦呢？她为了保朝保国，忠孝勇烈，忠孝勇烈武昭将军！忠、孝、勇、烈、节！忠，向朝廷报忠；孝，对她的娘老子孝；勇，勇敢；烈，就是不怕天不怕地；节，就是虽说她是个姑娘伢，我说这个话你听了不要不喜欢，不要见怪啊。她不是像（别人），想结婚啊，不想这些事，这就是归于节。一心一意为朝廷，没有想这些名堂，不想自己成家啊，结婚啊，她不考虑这些事情。所以说称她为将军！①

① 张大松讲述，张静 2010 年 7 月 28 日于黄陂木兰山玉皇阁内搜集。

# 第五章
# 地方文化标识与木兰传说

自20世纪80年代初开发木兰山以来，木兰传说逐渐受到地方政府、知识分子的重视。在过去的三十多年中，木兰及其传说逐渐发展演变为“木兰文化”，成为地方重要的文化资源，进而成为地方文化标识。木兰文化与殷商盘龙文化[①]、北宋“二程”理学文化[②]共同作为黄陂的文化名片，向外展示这座有着三千多年历史的古城的厚重历史与文化。

## 木兰与木兰文化

经过三十多年的发展，以木兰及其传说为生发点，在地方政府、知识分子的共同努力下，“木兰文化”逐渐得以建构，并为政府、主流媒体、学界和大众广为接受。最早提出“木兰文化”的是黄锂，他致力于研究木兰文化多年，颇有建树，他首先提出了“木兰文化”一词。

早在1999年他就探讨了有关木兰的三个重要问题：有无木兰其人？木兰生在何时以及木兰故里在哪里？他通过考察唐以来的文学作品和亳州、黄陂等地的地方志，认为“至迟在唐宋时期，无论官方抑或民间，都已相信木兰其人的真实性”，她生活在汉代，准确说是西汉文帝时期，而在众多所谓木兰故里中，黄陂说较为可信[③]。在2000年，黄锂为木兰文化构建了一个完整的体系，包括定义、特质和特征、发端、形成、发展和流变。他将木兰文化界定为：“发端于古代巾帼英雄花木兰女扮男装，替父从军的故事，以家国情怀为核心，以忠孝勇烈为基本内容的一种道德型民族传统文化的总和，”“‘木兰文化’一词一经确立，‘木兰’就非指一个具体的人，她的行为已被提炼、被概括、被升华、被拓展，变成了一个精神意象，具有了普遍的涵盖意义。”[④]在黄锂看来，木兰文化连绵不绝，历经千年的发展，发端于西汉文帝时期与匈奴战争的烽火中，在魏晋南北朝时期酝酿，并在隋唐时期成型，在当代又一次焕发了生机和活力，涵盖了文学、艺术、宗教和民俗多个方面。黄锂总结归纳了木兰文化的特质：“效忠国家的牺牲精神；爱家敬长的道德情操；刚健有为、自强不息的奋斗气节；巾帼不让须眉，以行动谋求平等的反封建意识；有胆有识、竞争创新的开拓观念；正视困

①盘龙城位于武汉北郊，遗址面积约6300亩，中心是一处面积约170亩的宫城遗址，历史可追溯到3500年前。20世纪50年代发现盘龙城遗址，70年代进行考古发掘，21世纪初开始进行保护开发。

②“二程”即北宋理学家程颐、程颢兄弟，祖籍河南洛阳。“二程”祖父曾任黄陂县令，后卒于此，父程珦居于黄陂，曾任县尉。“二程”兄弟为其父任县尉时所生。黄陂有一系列“二程”的遗迹，如鲁台、双凤亭、前川、夫子桥等。

③黄锂：《千秋木兰家国情》，《武汉文史资料》，2000年总第97期，第8页。

④黄锂：《木兰文化初探》，《武汉文博》，2000年第2期，第18页。

▲图 5-1　木兰故里石碑（张静摄于 2014 年 11 月）

难、战胜困难的雄略心境；淡泊名利、无私奉献的高洁品格。”[①]通过这一系列的论述，木兰被成功塑造成为一个道德精神的偶像。黄锂的这一系列论断为黄陂木兰文化定下了基调，成为后来所有官方文本的样本，同时也对木兰传说的当代讲述和演绎产生了深刻的影响。

木兰文化品牌在学术界也产生了一定影响，早在 1999 年和 2000 年举办最初两届木兰文化节的同时，第一届和第二届“木兰文化学术研讨会”顺利召开，2006 年 4 月举行的第三届会议影响较大，包括北京、湖北省、武汉市科研院所和高等院校的学者在内的 127 人参加会议。次年，黄陂首部“木兰文化”研究的著作《木兰文化新论》结集出版。论

① 黄锂:《木兰文化初探》,《武汉文博》,2000 年第 2 期,第 19 页。

文集包含了木兰文化的基础理论研究、历史考辨研究、文学艺术研究和旅游创意研究等方面共22篇论文。2008年，本土研究者有关木兰文化研究的26篇论文以《木兰文化（一）》的名称出版发行。自20世纪末开始，黄锂为木兰文化的理论研究奠定了基石，后来的学者不断补充资料，从历史、文学、宗教、民俗、文化、旅游等各方面加以阐发，逐步完善，历经近十年的时间，从学术的角度来说，“木兰文化”初步建立了自己的体系，成为一个被学界和官方、媒体和普通民众普遍接受的专有名词。

木兰文化的核心“木兰传说”成功申报市、省和国家级非物质文化遗产保护名录，成为为其进一步发展的绝佳契机。2006年3月，“木兰传说”申报国家级第二批非物质文化遗产名录工作正式启动，黄陂区政府成立申报工作领导小组，从各部门抽调精干组成专班，搜集各类文献资料、实地走访各地遗迹、调查走访专家学者和传承人，严格按照标准编写了30余万字的申报材料。2008年初，国家第二批非遗名录公布，湖北黄陂与河南虞城共享“木兰传说”。至此，黄陂木兰传说正式进入非遗保护的体系，获得了名正言顺的地位。

早在黄锂展开研究的同时，“木兰文化”这一名词开始在正式场合频繁使用，逐步被大家认可和接受。从1999年开始，黄陂地方政府开始举行“木兰文化节”，迄今共举办了14届，每次的木兰文化节均在天气晴朗、风光旖旎的5月或9月的旅游旺季举行，地点也多为黄陂区内著名或新开发的旅游景点，借机举行了一系列景区的开园仪式。首先于2002年推出了木兰天池景区，接着在2003年举行了木兰古门风景区的开园仪式，随后从2006年至2010年连续推介了木兰草原、木兰清凉寨、武湖农耕年华、云雾山郊野公园、锦里沟五大新开发的景区，2012年全国历史文化名村大余湾也在第十三届文化节上正式开园迎宾。

在这连续多年的旅游推广活动中，木兰文化品牌影响逐渐扩大，涵盖了越来越多的内容，逐渐形

▲图 5-2　第十三届木兰文化节（张静摄于 2012 年 9 月）

成了集群效应。现在黄陂已经成功创立“木兰八景”的旅游品牌，包括木兰山、木兰湖、木兰天池、木兰草原、木兰清凉寨、农耕年华、锦里沟、云雾山八大景区。不仅如此，黄陂区政府立足已有的旅游资源，计划将木兰山、木兰天池、木兰草原和木兰云雾山 4 个 4A 景区整体打包，以“黄陂木兰文化生态旅游区”的名称创建全国 5A 景区。

## 城市地标与木兰传说的当代文本

黄陂作为“木兰故里”逐渐为大众所熟知，在境内，愈来愈多与木兰相关的地标建筑拔地而起，不断强化作为地方文化标识的木兰形象。据统计，黄陂境内与木兰相关的地标有 100 多处，其中具有代表性的是其中的 5 座门楼和 3 座雕像：

1. 黄陂新城入口大转盘处有木兰将军弯弓骑射雕像一座，汉白玉制，高 6 米，底座南侧刻有启功

▲图 5-3　木兰生态旅游区牌坊（张静摄于 2010 年 5 月）

▲图 5-4　黄陂转盘与木兰雕像（张静摄于 2010 年 5 月）

题写的“花木兰”三字，北侧刻有杜牧的《题木兰庙》。

2. 木兰山风景区北坡入口有四柱三门花岗岩牌坊式门楼一座，风格古朴，高约 10 米，宽约 8 米，门楼正面刻有启功题写的“木兰山”三个大字，背面题刻“三楚极冠”四字。

▲图 5-5　木兰山门楼（张静摄于 2010 年 5 月）

3. 木兰湖度假区入口处有石质门楼一座，雕梁画栋，高约 10 米，门楣上书有刘华清题写的“木兰湖”；中心广场有石质木兰雕像一座，高约 8 米。

4. 木兰天池风景区入口建有大型人造石门楼一座，高约 5 米，由王文元题写“木兰天池”。景区内小天池北端立有木兰将军戎装像，剑指苍穹，高约 6 米，通体雪白。

5. 木兰古门风景区入口建有仿古门楼一座，高约 10 米，著名书画家周韶华亲笔书写

▲图 5–6　木兰湖门楼（张静摄于 2010 年 4 月）

▲图 5–7　木兰天池门楼（张静摄于 2014 年 11 月）

▲图 5-8 木兰天池景区大门（张静摄于 2014 年 11 月）

"木兰古门风景区"。

6. 木兰清凉寨景区广场北侧售票处建有大型仿楚城风格石质门楼一座，高约 10 米，风格古雅，气势雄浑，上刻有王文元所题"清凉寨"三个大字。

7. 木兰川内建有木兰文武学校。该校创立于 1992 年，门口修有构图古雅、色彩鲜亮的仿古重檐门楼一座。

8. 前川街木兰大道，大道南侧有"武汉木兰公路客运有限公司"。

9. 区内另有以"木兰"、"花木兰"、"木兰故里"、"木兰将军"等命名的街道、建筑、商号、产品、企业等多达上百处。

## 木兰传说的当代文本

在这些可观可感的建筑上，木兰文化得以不断发展。不仅如此，木兰文化的核心——木兰传说在当代也发生了较大的演变，在三十多年的时间里，

▲图 5-9　以木兰为名的商铺（张静摄于 2014 年 11 月）

不断经过改编和重述。自 20 世纪七八十年代以来，地方文化工作者深入基层，搜集整理了大量的木兰传说。在 1983 年，《黄陂文艺》编辑部编纂了《木兰山的传说》，包含木兰传说 23 篇，随后地方文化干部王汉青于 1985 年编著了全面介绍木兰山文化的《神奇的木兰山》，包含木兰传说 29 篇，其中大部分重复。这两本传说集中的大部分木兰传说文本来源于民间口头传统，稍加整理而成，成为后来一系列文学艺术创作的原始材料。1999 年，地方作家周大望根据这些民间传说和小说《木兰传》创作了通俗小说《花木兰传奇》。这部小说保持着和传统的民间木兰传说之间的紧密联系，也加入了部分个人创作。2002 年，地方木兰文化研究专家、作家明德运和李竟业共同创作了长篇历史小说《花木兰》。2006 年黎巴的小说《木兰将军》出版。地方文化专家和学者对重述木兰传说投入了极大的热情和精力，纵观这几部著作不难发现，它们越来越远离木兰传说本身，投注了更多作者的思想和情感，逐渐远离传统走向个人文艺创作。

相比较而言，表演形式的创作影响更为广泛。随着楚剧《少年花木兰》大型音舞诗画《木兰山组歌》的成功演出，黄陂木兰及其传说走出黄陂，在市内、省内甚至国内都产生了一定的影响。2005 年 12 月 8 日，历时 3 年多酝酿和创作的楚剧《少年花木兰》在武汉剧院首演。该剧以木兰的成长为主线，从出生到从军，共分《出世》、《练武》、《采药》、《戳谎》、《责女》、《征兵》、《从军》和《出征》8 个部分。该剧生活气息浓郁，讲述了木兰幼年的认真习武、热心助人、惩恶扬善的经历。其最大的特色在于突出了木兰幼年时期的经历，被作为青少年思想道德教育的题材。通过楚剧《少年花木兰》，黄陂木兰传说走出黄陂，逐渐进入武汉市、湖北省观众的视野。

2006年9月20日，大型音舞诗画《木兰山组歌》在木兰山胜景广场实景演出。《木兰山组歌》以弘扬木兰文化为主线，第一乐章《文化之源》主要反映木兰故里历史悠久的木兰传奇故事，由《木兰歌》和《追寻木兰》两首歌曲组成；第二乐章《山水之韵》主要赞美木兰故里的秀美山川；第三乐章《和谐之地》反映佛道同山的宗教文化和黄陂的侨乡文化；第四乐章《红色之魂》赞美木兰山的红色革命文化；尾声《啊！木兰山》则将整个组歌推向高潮。

演出当天，中央电视台动用了八台摄像机进行了现场摄录，武汉电视台进行了现场直播，多家媒体进行了跟踪报道。随后，武汉电视台、黄陂电视台根据群众呼声多次进行了重播，中央电视台音乐频道也在10月15日和10月16日进行了首播和重播。2007年5月17日，《木兰山组歌》走入人民大会堂进行公演。黄陂木兰传说走出黄陂，呈现在全国观众的面前。

在文艺创作中，在地方历史的书写中，木兰传说和文化一直占据着一席之地。2009出版的《黄陂通史》为木兰单列一章；同年出版的《木兰山志》中囊括了大量木兰文化的内容，包含民间传说、景点介绍、文献记载，以及从古至今的文艺创作。

木兰传说在这一系列的出版物中不断被重写，演绎出众多的文本，其中最具官方代表性的是《〈木兰传说〉申报国家级非物质文化遗产保护名录文本》，该文本包含9个部分，涵盖了木兰从神奇出生到高寿而终的人生轨迹：

木兰出世：汉朝时，江夏郡西陵县北有一双龙镇。双龙镇山环水绕，柳密竹茂，一条石板路、百余幢黑瓦房、数十家铺店构成东西走向一条街。传说木兰就出生在这个小镇西邻滠水河边的朱姓人家。镇上朱天禄、赵桂珍（也写作赵桂贞）夫妇年近半百，尚无子女。听说镇南十华里青狮岭（后称木兰山）祁嗣顶山神灵验，有求必应。次日，夫妻二人就同去青狮岭祁嗣求子。一年后的阳春三月，青狮岭木兰花盛开之际，天禄、桂珍喜得一女，乡亲们纷纷登门贺喜。天禄父亲朱若虚按民间对女孩俗称“花姑”和时下木兰花盛开之意，给孙女取名“花木兰”。从此，花木兰这个名字就在镇上叫开了。

少年木兰：木兰长到六七岁时，每天离了学堂，就缠着祖父朱若虚言今道古和习武练功，很有一番男孩气。朱若虚文韬武略，因年迈在家赋闲，他常向木兰讲解《孙子兵法》及自创的梨花枪等兵法秘诀，为木兰日后的成长作了铺垫。木兰虽出身小吏人家，但和普通百姓一样，住的是黑瓦石屋，吃的是粗茶淡饭，耕耘、播种、当公差、送官粮等等之事样样都干。木兰十三岁那年，白天种地采桑，夜晚常借明月青灯跟着母亲纺纱织布，挑花绣朵。木兰织的布，绣的花像彩云一样美丽，镇上的妇女姑娘们称赞：花姑的手艺比织女还巧。这年，朱若虚辞世。祖父遗留下的《孙子兵法》及自创的兵法秘诀，木兰常潜心研读，几成痴迷。木兰在研读兵书金卷的同时，还在双龙镇河边的沙滩及双龙镇前后的大小寨上刻苦习武练功，为她后来创造光耀千秋的事业打下了坚实基础。

替父从军：汉文帝时，匈奴趁机犯汉。为抗击匈奴，朝廷发内郡戍之，点兵于西陵县双龙镇千户朱天禄。时天禄年迈有病，虽力不从心，又不可抗旨。在左右为难、哀叹不已之际，木兰安慰父亲道："为了拯救国家危亡，女儿愿替父从军。"木兰备好鞍马、长鞭，脱下女装，穿上戎装，摘下珠环，挽起云发，跨上骏马，举起银抢，向前来送行的父母、乡亲们依依惜别，踏上万里赴戎机的迢迢征程。这年，木兰仅一十六岁。为服将士之心，她与各路英雄比试。木兰先演九曲八卦阵，后演走马射箭，再演梨花枪，十二路英雄俱不是木兰的对手。木兰在校场演示毕，随师日夜兼程，是夜赶到黄河边，面对滔滔黄河，她抚剑默默宣誓："我木兰虽花姑，也要像男儿一样，驰骋疆场，杀敌报国！但愿杀败匈奴，早奏凯旋！"

塞外征战：木兰征战塞外十二年，枕戈待旦，英勇善战，在青年将领伍登的协助下，破界牌关，克五狼镇，夺金沙峪，擒单于义女花阿珍，擒敌帅吉阿和，烧红罗城粮草营，斩敌将蒙箕，克金牛关、玉门关等，累计立下十二大功。由此逐渐晋升为将军。木兰在攻夺金沙峪的战斗中，单于义女花阿珍与木兰对阵，阿珍见木兰威武英俊，骤然心动，欲擒为夫。不料，阿珍反被木兰施计擒拿。阿珍被俘后，不甘放弃对木兰的一片钟情，愿归顺汉军，跟随木兰作战。木兰在克金牛关时，右臂中箭，昏倒马下。伍登、阿珍急忙上前营救。阿珍撕开木兰战袍敷药时，眼前的情景把两人都惊呆了。阿珍没料到原来自己钟情的人竟是一个女扮男装的姑娘！伍登也不曾想到与木兰并肩作战十年来，这个智勇双全、相貌英俊的将军原来是个女子！木兰醒来后，嘱伍登、阿珍保守秘密，并与阿珍结为姐妹。伍登知道木兰身世后，对她产生了爱慕之情。经阿珍从中牵线，在中秋月圆之夜，两人在战火未息的塞外边城玉门互赠信物，定下了终身。

立功凯旋：旌旗飘扬，战马嘶鸣，打败匈奴后，木兰高功凯旋，率军回到长安。皇帝闻木兰得胜班师回朝，龙颜大悦，在金殿召见木兰。木兰思念父母心切，谢恩后即上表省亲。皇上听说她少年出征至今已有十二年，准其所奏，并遣使随木兰往西陵县双龙镇看望父母。木兰归心似箭，翌日早，她与伍登、阿珍等人作别后，扬鞭催马离京，日夜兼程返乡。此时双龙镇红灯高挂鼓乐喧天，木兰父母出廓迎接女儿还乡，张罗人杀猪宰羊，亲朋好友及乡亲们也从四面八方赶来木兰家中恭候迎接。木兰弟妹木里、金兰更是忙进忙出。木兰跨进离别十二年的家门，不由自主地入了闺房，脱下戎装，换上裙钗等旧时裳，着上靓丽的女儿妆，对着铜镜，梳理云鬓，抹去脸上的征尘，重新贴上了花黄。木兰更衣出门，惊得同来的使臣侍卫一个个目瞪口呆，如坠云雾之中，从军十二年，同伴竟不知木兰是女郎！

皇上封赏：一日皇上在朝，思念木兰功高，颁旨敕封木兰为武昭侯，兼兵部侍郎，降诏木兰进京就职。敕封伍登为镇北侯，领雁门关将军，即日赴任。封花阿珍为顺义公主，其他将士，一一升赏。木兰省亲回朝，在路上接皇上诏书，使臣即赶在木兰前面回京向皇上禀奏木兰原来是女儿身一事。皇上又惊又喜。木兰回京后，奏明自己是女子之身。皇上爱木兰智勇，仍欲留木兰在朝为官。木兰再奏自己矢志忠孝，不愿为官。皇上见木兰威武俊美，欲有纳后宫之意。木兰以"臣无媲君之礼"而再三以死拒之。皇上念及木兰功高，孝敬父母之心难得，只好恩准了她的请求。

辞官回乡：木兰不受封禄，辞官回乡不几年，父母双双病倒了。木兰为双亲精心调治，熬煎草药，侍饭奉水，掌灯夜半，尽孝床前。木兰在全心全意侍奉照料父母的同时，还种地、种菜、养蚕、纺线、织布、习武练功，并热心做访贫问苦、修桥补路、化解矛盾、制止邻里纠纷之类的事，生活过得平静而充实，且受到地方官员和百姓的崇敬与爱戴。

生死恋情：这年三月，木兰接伍登从雁门关来信，问及婚事何时操办。木兰复信伍登，待来年春暖，木兰山木兰花盛开之际。不料翌年木兰花即将开放之季，奸臣以镇北侯伍登手握重兵，有谋逆私通匈奴单于之嫌上奏皇上而屈杀了伍登。木兰闻伍登被杀噩耗，痛不欲生，她从怀中取出伍登送给她的定情信物玉佩，睹物思人，思绪又回到了烽烟四起、战火纷飞的北国战场，想起中秋月圆、互赠定情信物的那个难忘之夜。木兰泪如泉涌，更加怀念伍登。日后每隔几天，木兰便要登上木兰山的一个石崖，深情地向西北遥望，无数次回忆和伍登在塞外征战的日子。天长日久，这个石头被木兰踩出了两个脚印，落泪滴砸成了两个光溜溜的小窝，直到现在，人们仍称之"眼泪凼"。

终老故里：光阴似箭，日月如梭。这年木兰已届九十高寿了。木兰九十寿诞之日，双龙镇乡亲送寿礼、置酒宴给德高望重的木兰祝寿。木兰喝过大家敬的酒，吃过大家送的寿糕、寿面后，是夜即在堂屋太师椅上安详而逝。人们将她安葬在青狮岭北坡下。木兰将军逝后，皇上谥木兰为"贞德公主"。唐贞观年间，皇上再赐"忠孝勇烈"将军谥号。人们为追记忠孝勇烈的木兰将军，在青狮岭上为木兰修建了木兰将军坊、祁嗣顶、木兰祠、木兰庙、木兰宫等，久而久之，这座承载着木兰英灵和精神的名山便被人们称作"木兰山"。①

随着传说的搜集、整理和研究，持续不断的文学艺术创作，地方史志的编纂和地方政府的大力宣传，木兰及其传说伴随着木兰文化的发展而脱离原有的生存

①《木兰传说申报国家级非物质文化遗产保护名录文本》，见蒋红瑶主编：《木兰文化新论》，湖北人民出版社，2007年，第166—169页。

语境，不仅仅再依赖口头相传和文字书写，而通过现场表演、大众传媒等多种形式向外传播，走出黄陂，产生更大范围的影响。在这一过程中，当代木兰传说的文本发生了很大变异。

## 旅游景观与木兰传说

黄陂近年来大力发展旅游业，成功推出了“木兰八景”，经过多年打造，木兰山、木兰湖、木兰天池、木兰草原、木兰清凉寨、农耕年华、锦里沟、云雾山八大景区已形成规模，每年吸引大量游客。在这八大景区的创建与宣传过程中，木兰和木兰文化成为推广的重要亮点，随之而来的是一些新的风物传说。比如木兰湖，传说木兰幼时在此饮马而得名，木兰古门为木兰练剑处，木兰草原则是木兰驰马地，清凉寨则是木兰凯旋后登高之处。这些散布黄陂各地的景点以木兰之名得以为大众所熟知，因这些附会的传说而连为一体。

现在黄陂着力打造“木兰文化生态旅游区”，包括各具特色的四大景区——

▲图 5-10　黄陂转盘处木兰雕像（张静摄于 2010 年 5 月）

木兰山、木兰天池、木兰草原和木兰云雾山。地方政府运用木兰文化对这些景区加以包装和整合，以风物传说的形式将它们纳入木兰文化的范围：

> 木兰山是木兰的文化之源，也是佛教、道教的活动中心之一。木兰天池是木兰的外婆家，也是她成长的地方，于是有了众多与木兰成长有关的景点：外婆园和外婆桥，记载了木兰年幼时的趣事；聪明池，相传是木兰小时候打水喝的古井；降龙石与龙池堰，留下的是木兰降服小白龙的传说；山下的三道门，则是木兰劈山开石、阻断洪流拯救百姓的遗迹……木兰草原是木兰骑马射箭、演兵练武的地方，她凯旋时，将这片草原赠给了景仰她的将士，让他们追随她一同来到这里，安居乐业，繁衍生息。木兰云雾山则是木兰将军的归隐之地，她在这里度过了宁静的余生，伴随她的，是华中最大面积的杜鹃花群落。①

黄陂现在较为著名的景点几乎都被木兰文化这一品牌所涵盖。在创建和打造的过程中，木兰文化是一个重要的内容。其中，打造较为成功的是木兰湖和木兰天池。木兰湖位于黄陂北部的木兰乡境内，木兰山风景区东部 6 公里，风光秀美，山水相映。这里交通便利，距武汉市城区仅 60 公里，紧邻红安、大悟等地，长塔公路将长轩岭镇与木兰湖连贯起来，木兰山、将军庙横亘其间。木兰湖区面积约 50 平方公里，水面面积约 17 平方公里，长 57 千米的湖岸线蜿蜒而去，内有湖汊 108 个，23 个岛屿分布其间，湖底 13 处泉眼。木兰湖碧波千亩，景色秀丽，于 1993 年正式成立旅游度假区对游人开放。

木兰湖这一浪漫美丽的名字并没有悠久的历史，此处原为夏家寺水库，修建于 1959 年，自 20 世纪 80 年代开始逐渐被称为木兰湖。在文化旅游兴盛的背景下，在创建木兰生态旅游区的过程中，作为“木兰八景”之一的木兰湖也逐渐与木兰将军产生了联系。《神奇的木兰湖》一书序言中将木兰湖的得名归于木兰将军：“古称天堰，因木兰将军幼时在

①http://www.hpmltour.cn/Scenerylist.aspx?fid=1&tid=1,2014 年 10 月 14 日。

▲图 5-11　木兰湖光（张静摄于 2014 年 11 月）

湖畔饮马习武而得名。相传木兰幼时拜木兰山铁冠道人为师，经常到木兰湖畔练剑，荣归故里后隐居木兰湖畔及至终老。”[①]该书还记载了几则与木兰相关的传说，《力斩龟蛇 立标震妖》讲述了木兰回乡后一箭射开挡路的山峦，形成木兰川，方便老百姓出行，斩杀龟蛇二妖的故事。

木兰文化生态旅游区中另一著名景点——木兰天池位于黄陂北部的石门山，距武汉市中心 55 公里，景区面积 4800 亩，被誉为小九寨沟，青山绿水，瀑布飞流，小溪清澈，潭水如镜，怪石奇木，环境宜人。山上有朱家山寨，传说为木兰外婆故里。在旅游开发和木兰文化创建的过程中，木兰这一文化品牌成为核心。

黄陂境内的木兰古门、木兰草原、云雾山等景区在开发过程中无一不依靠木兰湖和木兰天池，紧紧依靠木兰文化品牌，将原有的自然风光与木兰传说结合起来。古门奇石林立、险峻异常，被打造为木兰练武处；木兰草原地势平坦、绿草如茵，则成

① 王汉青主编：《神奇的木兰湖》，中国文联出版社，2006 年，第 2 页。

▲图 5-12　木兰湖秋景（张静摄于 2014 年 11 月）

▲图 5-13　木兰广场木兰雕像（张静摄于 2014 年 11 月）

▲图 5-14　木兰天池风光（张静摄于 2014 年 11 月）

▲图 5-15　朱家山寨石碑（张静摄于 2014 年 11 月）

▲图 5-16　木兰外婆家（张静摄于 2014 年 11 月）

▲图 5-17　木兰与外婆纺线彩塑（张静摄于 2014 年 11 月）

为木兰的跑马场；云雾山山势高耸、杜鹃万里，成为木兰归隐养老之地。

经过三十多年的发展，黄陂木兰文化产生愈来愈大的影响，成为地方最为重要的文化资源和最响亮的文化品牌。在这一文化的创建和开发过程中，古老的木兰传说焕发了新的生命力，文献记载和口头传说得以整理流传，新的文艺创作方兴未艾，木兰传说本身也正经历着发展和演变，原有的传说和相关风物仍在，新的传说和风物不断出现。木兰脱颖而出，成为黄陂的地方文化标识。

▲图 5-18　木兰天池木兰雕像（张静摄于 2014 年 11 月）

## 小　　结

自 20 世纪 80 年代以来，在木兰传说和相关信仰的基础上，木兰文化得以逐步建构，成为黄陂最重要的文化资源和文化品牌，发挥了巨大的整合能力，通过一系列文化标识的建设，将境内的多个景点纳入木兰文化的范畴，实现了文化品牌与旅游资源的结合。

在当代的文本中，不同于传统的文本中作为忠孝勇节的代表，木兰首先被塑造为一个完美女性，美貌善良、精于女红、孝顺父母、忠于爱情。在其他方面，木兰与男性相比也毫不逊色，甚至更胜一筹，她至孝至忠、聪明伶俐、文武双全、能征善战、爱护百姓、性格刚烈，最后高寿而终，获封谥号，享受祭祀。木兰的一生是成功的，这一形象是完美的，是被偶像化的。

# 后　记

时光飞逝，笔者研究黄陂木兰传说已有十年，从一个青春萌动的学生，成长为一位年轻的民俗学者。一直希望对过去十年的研究进行总结，正巧华中师范大学出版社有中国民间文化影像志丛书的出版计划，将此书列入计划之中。非常感谢出版社能够给予这一宝贵的机会，能够将调查研究的一些原始资料融入此书。

在过去的三十多年中，众多本地文化工作者、专家、学者对黄陂木兰文化进行了搜集和研究，但是众多原始资料散落各处，深藏闺阁，难为大众享用，特别是流传于民众口头的传说，在农村生活迅速变迁、口头传统急剧衰亡的今天，面临的状况尤其危急。在调查的过程中，两位非常重要的讲述者离世，一位是木兰山脚下张家冲的张振庭，他是公认的木兰文化专家，可我还未展开调查他就去世了；另一位是大城潭村的谌文正，庆幸的是我对他进行了多次访谈，搜集了许多资料和信息。口头传说随着老人们记忆力的衰退，在不知不觉中流失了。记录这些珍贵的口头传说成为笔者研究的重要组成部分，也是作为黄陂人义不容辞的责任和义务。

在调查研究的过程中，我的师长，华中师范大学文学院的刘守华教授、陈建宪教授、黄永林教授、晓苏教授、孙正国教授、加拿大纽芬兰纪念大学民俗学系的 Martin Lovelace 教授、Diane Tye 教授、 Paul Smith 教授和其他同仁给予了无私的支持和鼓励。家人和朋友一直以来的理解、宽容和默默的支持是我坚持至今的最深层动力。黄陂区政府的黄锂、周大望、黄英、明德运、杜有源、叶蔚章等人为研究提供了大量便利。最需要感谢的是我的黄陂同乡们，他们与我分享自小听来的传说，用于表达自己的意见和看法，这些成为我研究的坚实基础。同乡谢祥在繁忙的工作中抽出宝贵的时间，开车带我重走调查路，为本书拍摄照片，在此一并表示谢意。

**张静**

2015 年 12 月于武汉桂子山